中国历代文化名家

郑板桥的诗与画

ZHENG BANQIAO DE SHI YU HUA

吴根友 /著

时代出版传媒股份有限公司
安徽文艺出版社

图书在版编目（CIP）数据

郑板桥的诗与画/吴根友著.—合肥：安徽文艺出版社，2018.8
（中国历代文化名家）
ISBN 978-7-5396-6276-3

Ⅰ.①郑… Ⅱ.①吴… Ⅲ.①郑板桥（1693-1765）
—诗歌研究②郑板桥（1693-1765）—中国画—绘画研究
Ⅳ.①I207.22②J212.052

中国版本图书馆 CIP 数据核字(2017)第 285690 号

出 版 人：朱寒冬　　　　　丛书策划：朱寒冬
责任编辑：王婧婧　　　　　装帧设计：徐　睿

出版发行：时代出版传媒股份有限公司　www.press-mart.com
　　　　　安徽文艺出版社　　www.awpub.com
地　　址：合肥市翡翠路1118号　邮政编码：230071
营 销 部：(0551)63533889
印　　制：安徽联众印刷有限公司　(0551)65661327

开本：880×1230　1/32　印张：8.75　字数：200千字
版次：2018年8月第1版　2018年8月第1次印刷
定价：33.00元

（如发现印装质量问题，影响阅读，请与出版社联系调换）

版权所有，侵权必究

目录

第一章 板桥魂
- 一、"士"与"士人魂" 002
- 二、板桥魂与士人魂 013
- 三、板桥魂的时代意蕴 020

第二章 板桥生平（上）
- 一、时代风云 027
- 二、童年 033
- 三、"唯余白眼到清贫"
  ——落拓青壮年 039

第三章 板桥生平（下）
- 一、风波宦海一钓叟 051
- 二、"我梦扬州，便想到扬州梦我"
  ——归隐闹市 067
- 三、"梦里繁华费扫除"
  ——板桥的情爱生活 074

第四章 石涛、扬州画派与郑板桥

一、八大山人与苦瓜和尚　084

二、"扬州画派"与板桥　094

三、板桥与一般的诗文书画朋友交往　114

第五章 "掀天揭地之文"——板桥诗词与《道情十首》

一、"直摅血性为文章"
　——板桥诗词的个性特征　119

二、"史家欠实录,借本资校雠"
　——板桥诗词的现实关怀　129

三、"每到山清水绿处,自谴自歌"
　——板桥诗词中的自然情调与出世情怀　157

四、"若遇争名夺利之场,觉人觉世"
　——《道情十首》与板桥诗词的历史批判意识
　168

第六章 "震电惊雷之字"——板桥书法、篆刻及书论

一、"师心自用,创为真隶相参之法而杂以行草"
　　——《四书手读》与板桥书法风格的雏形　178
二、"六分半书"
　　——震电惊雷的板桥体　182
三、其他各体的成就　187
四、人生情思的高度凝练
　　——板桥篆刻　191
五、板桥书论　195

第七章 "无古无今之画"——板桥绘画、题识及画论

一、幽兰　199
二、扎根破岩潇潇竹　205
三、丑石　218
四、板桥杂画　222
五、板桥画论　224

第八章
"呵神骂鬼之谈"——《板桥家书》及其文论

一、"人神上帝,皆人心之慕愿以致其崇极尔"
　　——板桥"原神" 229

二、"盗贼亦穷民"
　　——板桥的叛逆思想 231

三、"谁非黄帝、尧、舜之子孙"
　　——板桥的人道情怀与平等思想 235

四、"天地间第一等人,只有农夫,而士为四民之末"
　　——板桥的重农思想 240

五、"学者自出眼孔,自竖脊骨可尔"
　　——板桥的独立意识 242

六、"文章以沉著痛快为最"
　　——板桥的文艺美学思想 245

七、"善恶无不容纳者,天道也"
　　——板桥朦胧的自由思想 249

第九章 流风余韵话桥——板桥对后世的影响

一、正史中的板桥后学　　254

二、市民心中的板桥　　256

三、野史、笔记中的板桥　　258

四、"青藤门下牛马走"
　　——板桥与徐渭　　261

五、"梅庄"与"病梅馆"
　　——板桥与龚自珍　　265

参考文献　　270

跋　　272

第一章 板桥魂

中国农业文明历史悠久，发展充分。两千多年的历史孕育出了具有世界农业文明典范性质的政治、经济、军事、管理、教育、哲学的思想体系，产生了以表意、抒情为突出特征的文学、艺术，发展起了以农业生产为中心的天文、水利、耕作、交通运输、建筑等科技体系。这样庞大而近乎完备的农业文明体系，在十六世纪中后期，自发地产生了带有近代文明萌芽的手工业、商业文明。在这历史嬗变过程中，士人及士人文化做出了不可磨灭的贡献，同时也在其中悄悄地改变着自身特质。

郑板桥，既是这一伟大的农业文明孕育出的艺术家、思想家，又以他个人特有的才华，推动了传统农业文明向近代工商业文明转变的历史车轮。他身上所表现出的精神气质,既是传统士人文化精神的个性化表现,又有时代精神的折光。他身上所具有的新旧思想杂陈、进步与落后因素并存的特征,基本上是中国传统思想在历史的嬗变过程中所具有的复杂性的具体表现。板桥魂,即是士人魂在新时代的再现。

一、"士"与"士人魂"

(一)原士

"士"在中国是一个特殊阶层。其来源及其最初含义均属颇为复杂的学术问题。① 大体来说,远古之"士",乃是从事耕作之男子。商、周时代,"士"则可能是指"知书识礼"的贵族阶层。顾颉刚先生认为,古代之"士"皆起源于武士;余英时则认为,"士"不只是单纯地起源于武士,还可能起源于古代军事教官——"师事"。这些教官既可能是驰骋沙场的武士,亦可以是懂得礼乐的文官。那些只懂得礼乐的文官发展到后来,便变成了儒士。概而言之,"'士'在古代主要泛指各部门掌事的中下层官吏"②。

(二)春秋战国之际的"士"及其精神品格

从影响秦汉以后士人灵魂和政治理想的角度看,以孔子及其

---

① 余英时:《士与中国文化》,上海:上海人民出版社,1987年版,第1—21页。
② 余英时:《士与中国文化》,上海:上海人民出版社,1987年版,第6页。

弟子、老子为开山鼻祖的"士",是我们在本书中最重要的探讨对象。他们对士的本质及其属性的认识与界定,最能影响后来的士人精神及其灵魂。

记载孔子及其弟子言论的《论语》说:"士不可以不弘毅,任重而道远,仁以为己任,不亦重乎?死而后已,不亦远乎?"又说:"士志于道,而耻恶衣恶食,未足与议也。""士而怀居,不足以为士矣。"这些有关士的特征的论述,高度地肯定了士的超越品格。

老子说:"上士闻道,勤而行之;中士闻道,若存若亡;下士闻道,大笑之,不笑不足以为道。"老子在此处所说的"上士",即是《论语》中所说的"任重道远"的"弘毅"之士。在老子的思想体系中,"道"在人类社会即是公正、合理的代名词。最具有士之德行的"上士",是以谋求社会公正、合理为己任的人物。老子所说的"上士"与《论语》中所说的"弘毅"之士,在本质上是一致的,都具有关怀社会、救济苍生的超越品格。因此,"士"从此种超越品格意义上说,即代表了"社会良心"。

"士"的超越品格是就士的理想性品质而言的。"士"亦是人,他必须生活在特定的社会历史之中,因而,他们总是表现为具体历史中存在的"士",受到特定社会的政治、经济、教育、文化体制的影响。在周王朝的政治体制下,士分为三等:上士、中士、下士,整个士阶层是当时周王朝各诸侯国下面最低一级的官员,而在周天子的宫廷里,士是没有爵位的。在这样的政治体制下,士的经济收入状况是:"大夫倍上士,上士倍中士,中士倍下士,下士与庶人在官者同禄,禄足以代其耕也。"① 在周王朝的朝廷里,元士享受的经济待遇与子、男相等,"元士受地视子男"②。

按照孟子所设想的理想状态来推算,上等农夫耕种百亩之田,再加上足够的肥料,可以养活九口人,稍差一点的亦可以养活八口人;中等的农夫可以养活七口人,差一点的可以养活六口人;最差的亦可以养活五口人。③ 那么,一个下士,其禄足以代耕,则他的年收入最次可以养活五口人,最理想的状况可以养活九口人。而一个上士的年收入是下士的四倍,则上士的理想状态可以养活三十六口人,最差的状况亦可以养活二十口人。因此,从经济的角度来看,士基本上是一个不事农工商贾而仅靠俸禄生活的食税阶层。他们的经济收入来源于统治者给的俸禄,在利益上基本倾向于维护统治者;但他们又是处在社会统治阶层的最底层,掌管各种具体事务,对民生疾苦有比较真切的了解,且与一般民众的生活没有多大差别,也会经常遇到一般人的生计麻烦,在感情上有同情民众的倾向。这就决定了正直士人的内在人格往往是二元的。从维护社会秩序的角度出发,他们既批评统治者的苛政,亦反对下层民众造反。

事实上,春秋以降,士的社会地位不断下降。老子的具体生

---

① 《孟子·万章下》。
② 《孟子·万章下》。
③ 《孟子·万章下》云:"耕者之所获,一夫百亩。百亩之粪,上农夫食九人,上次食八人,中食七人,中次食六人,下食五人。庶人在官,其禄以是为差。"

活状况不知，但有一点是肯定的，他是从贵族阶层的剧烈权力之争中抽身出来的，故有生命的危机感，主张"保身全生"。孔子则一生栖栖惶惶，没有固定收入，靠周游列国，教育学生来谋取生活之资。当然，这可以说是因为孔子坚持自己的"士"人理想导致的，体现了"士"的理想性品格。不过，在孔子及其弟子生活的时代，"学而优则仕"的基本社会条件对于士人来说，还是存在的。士可以通过自己所掌握的知识去谋取俸禄。孔子的弟子子路、冉有等人都曾出仕。

战国以降，士的成分就复杂起来，其内部的分化也剧烈了。像子路、宰我、墨子及其弟子，均是由下层社会庶人上升为"士"的，而像稍后一点的孟子、庄子则又是属于没落贵族的士人。整个战国时代的士人成分颇为复杂，有像苏秦、张仪一类的策士，也有像墨子、鲁仲连这样的义士，还有像驺衍、淳于髡、田骈、慎到等"稷下士人"。他们虽列于上大夫之列，但都是一些"不治而议论"的人物，与诸侯王之间没有君臣关系，相对地保持着人生与思想的自由。还有像孟子、庄子一类的士人，他们既非隐士，又因为不合自己的理想而没有或不愿去做官，靠周游列国，教授门徒，有的甚至是靠自己的劳动来谋生，同时又关怀现实，著书立说，猛烈地抨击社会的黑暗。

像苏秦、张仪之流，他们并无政治信仰，主要是利用自己所掌握的政治、军事知识来谋求个人的荣华富贵，应属于墨子所说的"别士"之列。而像墨子、鲁仲连之类的士人，则可以说是谋求天下利益的"兼士"。驺衍、淳于髡之类的士人则比较特别，他们虽列于士大夫之列，但保持着士人的相对独立性。而像孟子、庄子等人，则更多地带有古代自由知识者的特点。他们有自己的政治理想，关怀天下，批判现实的不合理，同情民众的苦难，表现出一定的超越性品格。

就士的超越性品格来说，孟子的一段话最有典型意义，他说："民无恒产而无恒心"，"无恒产而有恒心者，唯士为能"。这当然是或然判断，意思是说，民无恒产，就可能"放辟邪侈"，无所不为。而"士"当中的有些人则可以遵守社会规则，坚持自己的理想，有所不为，更不会胡作非为。孔子曾经就说过：士若以恶衣恶食为耻，则不足以与他谈论大道。他自己坚持了这一原则。庄子则为了保持自己的个性坚决不仕。无论是关怀天下，还是为了保持自己的独立个性，先秦的理想之"士"都有一定的超越性品格，这是"士"之所以为"士"的原因。

可以这样说，春秋战国以降的"士"，从其价值取向来看，主要分为"兼士"与"别士"两类。兼士以关怀天下为己任，代表社会良心；别士则主要谋求个人利益。从社会地位和经济收入来看，有上士、中士与下士三类。与上层贵族接近的"上士"，有的人直接为统治者服务，属于政治体制下的官僚，大多数已丧失了士的超越性品格；而那些"不治而议论"的士人，则保持着一定的独立性。下层之士，或与庶民接近，或与庶民为伍，或受人接济，或自谋生路，务农、经商，均有人在，这便是后来的隐士。总而言之，这一时代理想的士人精神，当是"关怀天下"和"独持操守"的结合。理想中的儒家士人，是以守志弘道为己任；

理想中的道家士人，则是以保持个性为主而关怀天下的治乱，发出言论批评现实的不合理；理想中的墨家士人，则是"摩顶放踵，以利天下"；而理想中的法家士人，则是按照法治来治理国家的"能吏"，这些"能吏"主要是帮助国君治理诸侯国，防止贵族、大臣、一般民众私窃国君的权力和财富，他们比较缺乏士人的超越性品格。

先秦时期所奠定的理想的"士人魂"，其基本的内蕴即是：坚持自己的政治理想，独持操守，以关怀天下为己任。

（三）秦汉以后的"士"及士人理想

秦汉以后，伴随着以农业为主的经济关系的确立，政治与文化上的大一统局面的形成，"士"的产生途径、社会作用、自身内涵，均发生了很大的变化。粗略地说来，秦汉以后，魏晋以前，儒、道、墨、法四家渐趋合流，而以儒、道两家思想为主。士人的个人理想表现为修身与治世的统一。战国中晚期"稷下道家"的"内圣外王"理想，正好是融儒、墨、法三家的入世精神的新道家在较高层次上对原始道家——老子思想的回归，这一"内圣外王"的理想，将个人的人生理想与社会理想融为一体，并逐渐成为汉以后中国传统社会中士人的普遍文化心理结构和人格范式。魏晋以后，随着佛教的进入，这一"内圣外王"的文化心理结构得到了充实、丰富和发展，"内圣"的成分由道家的修身更偏重于修心修性方面，从而使这一人格理想和文化心理结构更偏重于"内圣"，即个人的道德心性修养。

就士的社会作用而言，西汉社会中的士主要扮演了循吏的角色①；东汉时期，士则形成了特殊的贵族阶层；直至魏晋南北朝时期形成了"士族"阶层而渐趋腐化。就士的产生途径而言，西汉社会中的士多是秦汉之际的贵族子弟；东汉至魏晋南北朝时期的士，既有贵族子弟的上品之士，亦有中下层地主家庭培养出来的寒士。由于曹魏集团实行九品中正制的用人制度，魏晋之际士的内部分化达至极点，一度出现了"上品无寒门，下品无世族"的严重分裂局面。

就士的超越性而言，西汉一代的士人主要在循吏传统中得到了落实，他们在公正执法过程中实现了关怀天下的理想。东汉至魏晋南北朝时期，士的超越性品格最为模糊。东汉时期，只有在像王充这样的下层寒士身上，才能看到先秦理想型之士的光芒；东汉末年的太学生及所谓的士之"清流"，在维护皇权、反对宦官专政的斗争中，多少体现了一点关怀天下的现实内容；两晋南北朝时期，像陶渊明、鲍敬言等下层士人代表了社会的良心。陶渊明高唱"先师有遗训，忧道不忧贫"；鲍敬言著书立说，猛烈抨击君主对社会的危害性，表现了对下层民众忧乐的关怀。自道教兴起，佛教传入并受到一些士人的喜爱之后，士的超越性品格在宗教之中得到了一定的表现。道教著作《太平经》中所表现的对妇女及女婴的同情，对当时残杀女婴的恶劣社会风俗给予了猛

---

① 余英时：《士与中国文化》，上海：上海人民出版社，1987年版，第129—216页。

烈的批评，从一个方面代表了社会的良心。

　　隋唐之后，伴随着科举制的建立、完备，中国的士人文化传统发生了很大的变化。首先，它使士的产生有了合法化、正规化的途径。真正意义上的士大夫传统从隋唐科举制开始。其次，隋唐科举制把儒家经典以及诗词、书法、历史作为考试的内容，使得与科举考试相关的一系列部类的学说、文化获得了高度的重视，儒家学说获得了真正的法定地位。从西汉董仲舒开始理想的"罢黜百家，独尊儒术"的学术一统局面，在政治、教育、用人制度中得到了落实。传统各学派之间的学术争鸣，由自由、平等的状态一下子变成了"正统与异端""官方与民间""在朝与在野"的争论，使学术争论更加容易与政治纠缠在一起，不利于学术的自由发展。百家之流的学说在士人及一般的百姓心中自觉不自觉地变为非正统思想。道家思想以及佛教思想，这时便真的成了士人们失意时的个人精神镇静剂。"穷则独善其身，达则兼济天下"的人生理想模式，在正直士人心中变成普适化的心理结构。

　　隋唐宋元明时期，士大夫传统基本上坚持了儒家的"民本思想"，在他们的政治实践中程度不一地践行着"兼济天下"的理想。像魏徵、张九龄这些名相，李白、杜甫、柳宗元、刘禹锡、白居易、陆龟蒙这些士大夫兼文人，基本上是有唐一代的社会良心的代表。两宋时期，像欧阳修、范仲淹、王安石、苏轼，在民间传说中被理想化了的包公、辛弃疾、陆游等人，便成为这一历史时期的社会良心的代表。范仲淹的名句"先天下之忧而忧，后天下之乐而乐",成为后期封建社会正直士人关怀天下的精神标志;而被理想化了的"包青天",就成为民众心中"公正"的代名词,是士人精神的重要维度。

应当看到隋唐儒学发展的另一方面。伴随着隋唐佛学的发展,特别是中国化的佛教——禅宗的出现,对宋明儒学的精神结构产生了极大的影响。一方面,"新禅宗"的入世践履精神直接地影响了宋明士人的入世心态[①];另一方面,"新禅宗"心性理论,华严宗的"法界缘起论",对两宋的"新儒学"产生了重大影响。"新儒学"以内圣、涵养为主而在一定程度上取代了原始儒家的"入世精神"。在这一历史过程中,儒学的政治化倾向加重,原始儒家的活泼精神遭到扼制。特别是伦理方面的理性自觉,由于受到政治化倾向的影响而异化为"理性专制",变成了权威主义的东西,成为压抑个性、扼杀新生事物的代名词。

明中晚期以后,伴随社会经济的发展,城市文明与商业文明也得到了较快的发展,带有资本主义萌芽性质的工场手工业在江南一带蓬勃兴起。农村的土地商品化过程也在加剧,部分开明的中下层地主也加入了新兴的商业经济活动之中。中国社会和思想界均发生了新的变化。首先,正统理学中的"心学",发展到阳明的"致良知"学说时,开始走向反面。重功夫,重实践,重入世、救世,重经验的思想,伴随着新兴市民阶层的产生,手工商

[①] 参见余英时:《士与中国文化》,上海:上海人民出版社,1987年版,第441—579页。

业的发展又逐渐成为该时代进步士人的主流思想了。"原儒"思想活动成为思想界的一大奇观,特别是"王学左派"的出现,正式地展开了对传统权威主义的批判。被卫道者称为"异端之尤"的李贽,用犀利的笔锋批判了以"四书五经"为代表的经学独断论,初次揭开了十六世纪中叶中国思想界的反传统序幕。这一时期的进步士人,不仅代表了社会良心,还代表了社会发展的新方向,成为将要来临的新型社会的理论建设者。从这一层意义上说,秦汉以后的士大夫传统又在新的历史条件下回归到先秦"百家争鸣"时期的士人传统上来了,表现出思想自由后的新的活力。这一反传统的思潮大体上有三方面的主题:个性解放的新道德、初步的科学思想、批判君主专制制度的初步民主思想。[1] 具体说来,个性解放的新道德,在理论层面,主要表现在理欲、情理、义利、古今、个体的情和思与传统权威之关系的哲学论说;在现实层面,主要表现在对残害妇女的节烈观、"吃人"的忠孝观、践踏人性的尊卑贵贱等级观以及纳妾行为的批判。科学思想主要表现在三个方面:1. 纯粹的求知态度;2. "缘数以求理"的科学方法;3. 由传统的"重道轻器"观向近代的"由器求道"的经验论方向发展,科学技术得到了一定的重视。初步的民主政治理想主要表现在对封建君主专制的批判方面,在批判专制主义的同时,提出了公天下的政治理想。代表历史发展方向的"新人

---

[1] 萧萐父、许苏民:《明清启蒙学术流变》,沈阳:辽宁教育出版社,1995年版,第7—20页。

文精神"——个性解放、平等、自由等意识表现得最为明显。

晚明之后,中国传统思想自身发展出现了儒、道、释合流的趋势。"内圣外王"的文化心理结构又渐渐倾向"外王"一面。这与明清之际江南地区的资本主义经济萌芽密切相关。原始儒家的"社会功利"倾向在新的时代成为统治阶级内部开明官吏要求发展手工业和商业的理论武器。道家的"自然人性论"思想成为反对伦理领域里"理性专制""伦理异化"的思想源泉,而且也是个性解放的思想武器。原始儒家的"仁爱"精神、道家的"自然主义"、佛教的"慈悲意识"和墨家的"兼爱"思想,共同构成了新时期的"人道主义"和"自由意志"的思想源泉。

西学的传入,在当时虽不占重要位置,却加重了"外王"的砝码,而且在日后的历史进程中越发显示出其重要性。

就断代史的情况来看,明清之际的先进历史人物,虽然在整体上还保持着"内圣外王"的文化心理结构,但已偏向于"外王"。而"内圣"的思想内涵也已经稍稍发生了变化。道家的原始自然主义逐渐蜕变为自由主义;儒家的人格、气节逐渐蜕变为个性主义;而佛教的慈悲情怀、儒家的仁爱思想、墨家的兼爱思想,逐渐蜕变为带有近代气息的人道主义;儒家的爱民、民本思想,道家的惠民思想,墨家的利民思想,逐渐蜕变为"民主"思想,表现出极大的人民性特征。传统农业文化所形成的士人处世原则:"穷则独善其身,达则兼济天下",就逐渐蜕变为保持个性、伸张个性、救世济世、批评世俗的处世原则。道家的批判色彩,儒、墨的入世精神,佛教的慈悲情怀,非常奇妙地结合在一起，初步形成了反对封建等级，反对束缚个性的新人文精神和关怀现实、改造社会的新的社会理想。板桥魂，正是奠基于传统士人魂基础上，又表现出鲜明的时代特征，那就是：积极的批判精神，追求自由意志、平等理想和个性精神。

二、 板桥魂与士人魂

郑板桥，这个竟然能将"四书"默写得一字不差的人，其灵魂深处首先打上的是儒家精神的烙印。在他血管里流淌的主要是原始儒家的民本理想。

（一）"大丈夫立功天地，字养生民"——板桥的责任意识

中国传统社会中的正直士人，大都带有强烈的"责任意识"和入世情怀。立德、立功、立言的"三不朽"学说，使得传统的中国士人在极其困难的人生处境里不易逃脱到宗教之中。特别是在儒家学说浸淫秦汉以后的中国文化之后，士人的这种"责任意识"就更为强烈。生在清朝盛世的郑板桥，在科举取士而又以朱熹集注的"四书"为考试内容的时代氛围下，不能不感染这一传统文化精神。他以自己独特的个性和独特的人生经历，使这一抽象、普遍的文化精神，获得了个性的生命形式，从而展示了这一文化传统的生命力。

八股取士及其用人制度，固然扼杀了一大批不羁之才，也培养了一批官场蠹吏。然而，对于那些下层寒俭之士，科举途径则是他们改变自己身份，为民为国效力的唯一"正途"。他们长期

居于下位，经受着生活的磨难，"四书""五经"中所蕴含的"民本思想"、忧国忧民意识，恰恰教给他们以强烈的责任情怀。郑板桥，这位出生于下层士人家庭的寒俭之士，正是从这些经典中汲取了忧患天下、立功天地、字养生民的思想精华。尤其是在他获得了七品县官的职位，能够施展个人经世才能的时候，他的这种责任意识更为强烈。纵观板桥诗歌、家书，其中表达强烈经世意识的作品，均是在做吏山东时所作，揭露现实矛盾的诗歌如《逃荒行》《还家行》《孤儿行》《姑恶》等代表作，均创作于任职范县和潍县的时候。在《与舍弟书十六通》中，板桥大讲关心民瘼、字养生民的道理。在《范县署中寄舍弟墨第四书》中，板桥告诫其弟："吾辈读书人，入则孝，出则弟，守先待后，得志泽加于民，不得志修身见于世。"并认为这是正直的读书人高于农夫一筹的原因所在。而那些"锐头小面"的人物，"一捧书本，便想中举、中进士，做官，如何攫取金钱、造大房屋、多置田产"，对这种人，板桥最为痛恨。在《范县署中寄舍弟墨第五书》中，板桥借论诗大谈"忧国忧民"的道理。他认为杜甫的诗之所以"高绝千古"，就是因为他在命题时"已早据百尺楼上"，那就是或"悲戍役"，或"庆中兴"，"一种忧国忧民忽悲忽喜之情，以及宗庙邱墟，关山劳戍之苦，宛然在目"。在《潍县署中与舍弟墨第五书》中，板桥大谈文章经世的道理，并衷心地称赞诸葛亮为民立功的人生，不同意一般文人或帮闲文人所认为的那样，把"写字作画"看作是雅事。板桥说："写字作画是雅事，亦是俗事。大丈夫不能立功天地，字养生民，而以区区笔墨供人玩好，非俗事而何？东坡居士刻刻以天地万物为心，以其余闲作为枯竹石，不害也。"至于像王摩诘、赵子昂等，只是"门馆才情，游客伎俩"，不足称道。他认为，只有诸葛亮才真正称得上"名士"二字，而当时街上"写字作画"之辈也妄称名士，真是令人可羞。板桥这种偏激的"功利"艺术观念，固有其不妥之处，但从一个侧面反映了他的责任意识与济世情怀。

在为官山东之时，板桥在权势与金钱的夹缝里，为民众办了不少好事，艰难地践履着"立功天地，字养生民"的人生理想。他在任范县知县时，"爱民如子，绝苞苴，无留牍"。调任潍县时，恰遇荒岁，人人相食。郑板桥"开仓赈贷"，"发谷若干石，令民具领券借给，活万余人"。这一系列的"字养生民"的政治行为，充分地展示了板桥的"责任意识"。

相比稍前的蒲松龄、同时代的吴敬梓来说，郑板桥在科举制度下算是幸运者，毕竟，他还中了进士。虽然他发迹很迟，五十多岁才得了七品县令之职，但他还是获得了施展自己才能的机会，实现了那个时代绝大部分士人的美梦。但板桥与一般士人的不同之处在于：他没有把当官看作是个人发财之道，没有丧失正直士人的良心。在板桥身上还流淌着道家批判现实的热血，还存留着陶渊明、苏轼等士人"不为五斗米折腰"、不阿附权贵的正气。还有道家那超越的气质，使得板桥有一种不屑与现实同流合污、不怕辞官归隐等传统士人的优秀精神气质，这一精神气质，使得板桥无论是未仕之前，还是既仕之后，都能保持一种独立的精神品格和追求自由的超越意志。

（二）道家的批判意识与遁世情怀

在陶渊明、苏轼等人身上，集中地体现了深受道家思想影响的中国传统士人的自由意志。他们在现实的种种束缚中，往往借酒和艺术来抒发心中抑制不住的自由意志。板桥亦如此，他虽不善酒，却十分爱酒，时时离不开酒，且善书、善画。在做官之余，在牢骚之际，诗、酒、书、画就成了他发泄心中感情，抒发心中苦闷的最好工具。未仕之前，他一方面自与心竞，发愤攻书，精进于艺；另一方面用诗歌、酒来发泄对现实的不满，用道家的超世精神来批评现实，否定现实的意义，如在《道情十首》中，板桥高唱"扯碎状元袍，脱却乌纱帽"，用遁隐到山中去的人生闲适来代替现实的仕途进取。既仕之后，为了排遣官场上应酬之苦，舒展被压抑的人性，亦借诗、书、画、酒来宣泄心中的郁闷。尤为值得注意的是，往往在人生失意之时，板桥对封建社会的致命病根反而有更清醒的认识。组词《瑞鹤仙》中的《官宦家》《帝王家》两首，深刻地揭示了封建家天下必然灭亡的命运，比起他早年创作的《道情十首》具有更锋利的批判锋芒。《官宦家》说道："羡天公何限乘除消息，不是一家悭定。任凭他铁铸铜镌，终成画饼。"对封建天下必然灭亡的趋势有清醒的认识。《帝王家》则批判了禹、汤以私废公的政治行为，歌颂了理想中"废子传贤"的陶唐时代的"公天下"，并朦胧地意识到了私有制家天下的根本毛病："藩王""戚里"是造成封建家天下灭亡的根本原因。这与明清之际大思想家对封建政治的批判思想，在精神上基本一致，体现了板桥批判意识的时代特征。

在为官不顺之时，道家的归隐意识往往成为板桥抗拒官场诱惑的精神动力。如在潍县之时，由于不堪官场的束缚，他气愤地唱道："乌纱掷去不为官"，归隐扬州，写字作画，自谋生路，自畅性情。可以说，道家的批判意识与遁世情怀，为板桥提供了精神家园，在特定的时代，为他的积极进取提供了精神的动力。正因为他不怕归隐田园，他在官场上就有敢作敢为的胆量，就有为民做主的精神动力。道家的遁世情怀，在表面上看起来是消极的，但在特殊的历史人物身上却表现为积极的精神。

（三）佛教的"和世意识"与板桥的宽容情怀

板桥对佛教并无研究。他虽也一再表示要拒斥佛、道二教的诱惑，"不烧铅汞不逃禅"，但并不反对佛、道二教，不仅与僧人、道士唱和，而且还为佛教辩护。他认为，杀盗淫妄、贪婪势利的和尚是"佛之罪人"，佛教本身并无过错。他并不赞同当时人将僧人斥为"异端"的观点，认为现实的僧人，大多是"穷而无归，入而难返者"，"叱为异端而深恶痛绝之，亦觉太过"。而在"佛焰渐息，帝王卿相，一遵《六经》《四子》之书，以为齐家治国平天下之道"的时候，再言辟佛，"亦味同嚼蜡而已"。

从现存的文字资料来看，板桥只是粗略地接受了佛教的"和世思想"和带有辩证意味的宽容意识。如在板桥的印章中有"多种菩提结善缘""结欢喜缘""欢喜无量""随喜"等印，这些印章表明了板桥企图以佛教的和世思想来改变自己与世抗争的性格，表现了晚年的板桥与世俗妥协的心理。他在《为松侣上人画荆棘兰花》的题识中写道："不容荆棘不成兰，外道天魔冷眼看。

门径有芳还有秽,始知佛法浩漫漫。"这是板桥从佛教中汲取的宽容意识的表现。当板桥魂里的和世意识、宽容情怀与儒家的"天道观"结合在一起的时候,就表现为一种朦胧的追求自由的意志。他在《家书》中所表达的"善恶俱容纳"思想,实质上就是对专制政治的一种抗议。如《潍县署中与舍弟墨第二书》便大谈天道"善恶俱容纳"的宽容意识。在题画诗中,他用形象的语言说,要让荆棘与竹共长,并称这与张载的思想是一致的:"莫漫锄荆草,由他与竹高。《西铭》原有说,万物总同胞。"① 非常巧妙地将佛教的和世意识、宽容情怀与儒家的仁爱思想结合起来了。

(四)传统意义的出处原则——"兼济天下"与"独善其身"的统一

板桥的灵魂里,其基本的人生态度是传统士人的"出处原则"。在他未中进士之前,一种强烈的用世情怀时时在心中激荡;而他中进士之后等待做官的一段日子里,这种心态表现得更为急迫。在这段时间里,他与京城里的达官贵人乃至于一般的小官,多有诗作唱和。如《上江南大方伯晏老夫子》四首,其中第四首

---

① 张载:《西铭》虽然有"民吾同胞,物吾与也"的仁爱思想,但并未脱离儒家尊卑贵贱的等级思想。在实际生活中,张载反对王安石变法,竭力维护关中大地主的利益,根本上违背"民吾同胞"的思想。宋儒张载的"仁爱"思想还只是口头上的,与板桥在实际生活中努力践履"仁爱"的作风,不甚相同。毋宁说,板桥是借助了张载的"仁爱"名词,表达自己的人道思想。

便是干谒之诗。而《读昌黎上宰相书因呈执政》一诗云："常怪昌黎命世雄，功名之际太匆匆。也应不肯他途进，惟有修书谒相公。"从自己干谒的亲身经历中理解了韩愈为何上书宰相大人求官，一个正直的士人，又不能用贿赂的方法去谋取官职，只有上书王公大人，方为一条不失体面的上进之路。板桥就这样直率地表达了自己求官时曾有过的急迫心情。

可是，一旦真的为官之后，官场的污浊，事务的纷扰，长期的不得升迁，又使他感到十分失望。一种归隐之意涌上心头。从乾隆十四年（1749年）为载臣作《自咏》诗起，板桥便开始对官场产生厌倦之情了。其首要原因是多年不得升迁。该诗这样写道："潍县三年范县五，山东老吏我居先。一阶未进真藏拙，只字无求幸免嫌。"当立功天地、字养生民的理想化为泡影之后，失望的情绪便油然而生。时至他五十九岁那年，这种为官与归隐的矛盾达到高潮。是年九月作"难得糊涂"横幅，又作《梅兰竹菊四屏条》，其中"菊"条的题识写道："进又无能退又难，宦途踽踽不堪看。吾家颇有东篱菊，归去秋风耐岁寒。"该年十一月，书旧作《潍县竹枝词》，回忆起乾隆十二年"告灾不许，反记大过一次"的不快经历，退隐之志更加坚决了。特别是当时潍县连年灾荒，板桥在救灾活动中也已深感疲倦了，他需要休息，需要放纵自己束缚已久的个性，于是连续创作了《思归行》诗，《思归》和《思家》两首词，又作七言联："作画题诗双搅扰，弃官耕地两便宜。"乾隆十七年秋九月，六十岁的郑板桥作《兰竹石图》，其题识曰："世间盆盎空栽植，唯有青山是我家。"清醒地意识到只有摆脱官场的束缚，才能获得自由。这时，再加上潍县的豪绅、不法大商联合攻击，诬告板桥贪贿，板桥为了保护自己，"独善其身"的传统意识最终占了上风。在板桥的灵魂里，"兼济天下"与"独善其身"就这样巧妙地统在一起。

三、 板桥魂的时代意蕴

受过明末清初反理学、反权威思想运动的洗礼，传统士人魂的内涵已经悄悄地发生了变化。一种反权威的理性精神在该时代进步的士人心中生根发芽了。特别是那些下层士人，因为其身世的崎岖不平，更容易接受新思想。他们从各自特殊的人生经历出发，自觉地寻找自己的精神同路人或表达自己思想的合适方式，在不同的领域展现着时代精神。板桥在他的前辈中则找到了与自己精神气质相近的徐渭、高凤翰，从他们二人身上吸取了一股"倔强不驯之气"。

（一）"倔强不驯之气"

板桥认为，自己身上有着与徐渭、高凤翰在精神上的相通之处，那就是都拥有一股"倔强不驯之气"。这种"倔强不驯之气"实是板桥魂的时代内蕴之一，它是板桥个性的生动体现。在板桥的诗文、题识中，多次以不同的语言形式表达了这一追求个性的思想。在《板桥自序》中他说"自愤激、自竖立，不苟同俗"，在《刘柳村册子》中讲要"怒不同人"，在《板桥后序》中说自己的诗词"亦颇有自铸伟词者"。他一再强调自己的诗歌是"自出已意","直揭血性",反对别人用"高古而几唐宋者"的复古主义的标准来评价自己的诗歌,自信地认为自己的诗文若能流传,必将以清诗、清文而流传。在《与江昱、江恂书》中,他告诫后学说:"学者当自树其帜。"在《范县署中寄舍弟墨第二书》中,告诫其弟道:"竖儒之言,必不可听,学者自出眼孔、自竖脊骨读书可尔。"在他的印章中便刻有"横扫""江南巨眼""心血为炉熔铸古今"等印,表现了板桥不为人所囿,折中古今的个性特征和历史批判精神。

(二)"诗书六艺,皆术也"

重视百姓日用,重视器、术的作用,反对空谈性命、性理,是明清之际早期启蒙思想的内涵之一。在板桥的思想中,这种思想亦很突出。在《板桥自序》中,他公开地批评理学空谈无用:"理学之执纲纪,只合闲时用着,忙时用不着。"他称自己的《十六通家书》:"绝不谈天说地,而日用家常,颇有言近指远之处。"在《焦山别峰雨中无事书寄舍弟墨》中,他虽称"'六经'之文,至矣尽矣",但他又认为只有那些关系到家常日用的务实篇章才最为有用:"浑沦磅礴,阔大精微,却是家常日用,《禹贡》《洪范》《月令》《七月流火》是也,当刻刻寻讨贯串,一刻离不得。"这实际上是借"六经"之名而抒发自己重视家常日用的思想,把作为权威主义的"六经"变作为家常日用服务的工具性"六经"。在康雍乾三朝极力抬高"四书五经",又动辄兴起"文字狱"的时代,说话不能不小心,非经非圣要在尊经尊圣的前提下进行,不能像李贽、黄宗羲等人那样直截了当地批评经典、反对权威。在板桥印章中，刻有"麻丫头针线""吃饭穿衣""私心有所不尽鄙陋"等印，这些印章，从精神实质上与李贽的思想是相通的。在"活人一术"印章的题识中，比较充分地表达了板桥鄙视"诗书六艺"，重视实际技艺的思想，这与当时社会"重器""重技"的新思想一脉相通。板桥说：

> 诗书六艺，皆术也。生两间而为人者，莫不治一术以为生，然第赖此以生，而非活人之术。有术焉，疾痛困苦，濒亡在即，而以术治之，无不安者，斯真活人之术矣。吾友蕉衫，博学多艺，更精折肱之术，因为之作此印，并贻以颂曰：存菩提心，结众生缘，不是活佛，便是神仙。

板桥本人的书画技艺，也可以说是"活人一术"。《清史列传》中记载，晚年的郑板桥，"时往来郡城，诗酒唱和。尝置一囊，储银及果食，遇故人子及乡人之贫者，随所取赠之"。而这些赠人的银两，乃是他卖书卖画所得。这种重技、重艺、重视百姓日用的思想，恰是那个崇尚"社会功利"，反对离器言道，认定道不离器，器中有道，提倡由器求道的时代精神折光。

（三）人道情怀

十八世纪法国启蒙思想家狄德罗，在他的《百科全书》中曾收录了"人道主义"一词。该词条（作者为无名氏）认为："人道主义"是"百善之源"，它是指"一种对一切人的仁慈情感，而只有那些具有伟大而敏感的灵魂的人，才会被它所激动"，"有着这种感情，一个人就会愿意宽恕整个世界，以求消灭奴役、迷信、罪恶和不幸"。"人道主义的感情使我们不去看他人的缺陷，但使我们疾恶如仇。"将这一"人道"的定义用在板桥及中国早期启蒙学者身上，亦是恰如其分的。

在《雍正十年杭州韬光庵中寄舍弟墨》中，板桥认为所有的人都是黄帝、尧、舜之子孙，那些不幸为臧获、婢妾、舆台、皂隶之辈，并非天生如此卑贱，应该同情他们。即使是盗贼、囚犯、杀人犯，也应同情，"盗贼亦穷民耳"；世上僧人，也多是"穷而无归，入而难返者"，无须"叱为异端而深恶痛绝之"。在《潍县署与舍弟墨第二书》中，板桥告诫其弟，教育子弟"务令忠厚悱恻，毋为刻急也"，"不要屈物之性以适吾性"。天生万物，一虫一蚁，皆是上帝爱心的体现，"蛇蜈蚣豺狼虎豹，虫之最毒者也"，但人仍然不能随意杀戮它们，更不能将它们斩尽杀绝，"亦惟驱之使远，避之使不相害而已"。真正的"天道"，乃是"善恶无不容纳者"。而且也只有体"天道"之心，方能保持永恒的生命活力。

与口头上的仁者不同，板桥是实践的"人道主义"者。还在他当秀才时，就拣出家中的券契，暗自烧掉，以免当面退还，添人难堪。在《家书》中，他告诉其弟，对待佃户要宽厚，他们有所不便之处，要周给帮助，借债不能按时偿还的也不要去硬逼，要宽让期限；不要以主户的姿态去对待佃户，要平等待人，"主客原是对待之意"；在对待自家子弟时，不要过于溺爱，分发果食之时，亦要分发一些给家人的孩子，以免这些孩子远远而望，十分可怜,而他们的父母在远处望见,有剜心割肉之痛。他出任范县县令之后,要求其弟把一部分官俸分派给族里穷人、往日的落第同学、村中无父无母的孤儿。在潍县当县令时,由于灾荒,百姓无法交纳赋税,板桥便带头捐献官俸,以充赋税。所谓"橐中千金,随手撒尽,爱人故也"(《淮安舟中寄舍弟墨》)。在印章中,他曾刻有"恨不得填满了普天饥债""痛痒相关"等印,真切地表达出板桥的"人道"情怀。

板桥之仁,还泽及枯骨。《焦山双峰阁寄舍弟墨》中,板桥购买一块墓地,这块墓地,其先人亦曾想买,因考虑到有无主孤坟一座,不忍刨去,遂而作罢。板桥想到,如若他不购买,将来必有人买,这座孤坟仍然被刨,不如买下这块墓地,留此孤坟,"以为牛眠一伴","刻石子孙,永永不废","清明上冢,亦祭此墓,卮酒、只鸡、盂饭、纸钱百陌,著为例"。他告诫其弟:"夫堪舆家言,亦何足信!"这显然是在向当时的世俗迷信势力挑战。在《新修城隍庙碑记》中,用巧妙的散文笔法将"人神""天神"还原为人的形象,揭示了所有的神乃是人的异化的道理,显示了板桥破除迷信、醇化民俗的革新精神。

板桥好骂人,疾恶如仇,"然人有一才一技之长,一行一言之美,未尝不啧啧称道",体现了君子能爱人能恶人的勇气。

板桥博大的爱人情怀,已远远地超逸了传统儒家,特别是后来政治化儒家的"仁爱"思想。在实际生活中,真实地践履着原始儒家"泛爱众而亲人"和宋儒张载"民胞物与"的理想。这一爱人情怀,虽然奠基于传统仁爱、兼爱、道家的自然主义、佛教的宽容意识基础之上，但又是这些思想在新的历史条件下的综合、创新，表现出具有浓郁近代气息的"人道主义"情怀。

（四）朦胧的自由意志

板桥魂中的时代意蕴，还表现为朦胧的追求自由的意识。他在题画诗中一再反对盆栽兰花，也很少画盆中之兰，而是多画山中之兰，要成全兰花的天趣、野性，"画兰切莫画盆罂，石缝山腰寄此生。总要完他天趣在，世间栽种枉多情"。又说："乌皮小几竹窗纱，堪笑盆栽几箭花。楚雨湘云千万里，青山是我外婆家。"他不愿因循旧迹，而要表现自己拂云擎日的高远意志，故而打破常规："画工何事好离奇，一干掀天去不知，若使循循墙下立，拂云擎日到何时？"他晚年追求"乱"的境界，即是自由的境界，是通过审美活动而表现出来的自由意志。

（五）寄情未来

冯契先生曾多次说过，近代思维的一大特点是寄情未来，而不再是歌颂远古。在板桥魂里，虽然还没有明确的寄情未来的词句，但在画竹的题识中，对新竹、新篁的赞美，便朦胧地表现出憧憬未来的理想：新竹高于旧竹枝。如诗句云："浑如燕剪翻风外，此是新篁正少年。""新篁数尺无多子，蓄势来年少万寻？"又有诗云："春雨春风正及时，亭亭翠竹满阶墀。主人茶余巡廊走，喜见新篁发几枝。"

但是，新生事物需要扶持，否则便难以成才，如板桥画竹题诗所说："养成便是干霄器，废置将为爨下薪。"故郑板桥寄情未来，并不是简单地否定传统，而是保持着"新旧相资而新其故"

的辩证态度："新竹高于旧竹枝，全凭老干为扶持。明年再有新生者，十丈龙孙绕凤池。"

板桥魂所包含的以上五个方面内容，是他与传统士人的不同之处，体现了时代转折时期进步士人新的精神特质。这五个方面的内容绝不是简单地相加，而是有机的统一体。就板桥思想的时代倾向性来看，板桥魂实际上包含着个性、平等、自由的新思想内涵，这正是板桥魂超越传统士人之处，也是板桥精神的时代价值之所在。

第二章 板桥生平（上）

一、 时代风云

板桥所处的时代，是清王朝的上升时期。明末战火所造成的社会创伤经过康熙年间的治理，已经基本上得到了恢复，激烈的民族矛盾已有所缓和。城市的手工商业又恢复到明末的发展水平，有些地方甚至超过了明代最发达的时期。资本主义萌芽也有所发展。学术、文化也呈现出繁荣景象。在戴逸先生主编的《简明清史》一书中，从四个方面分析了清代中叶以来手工商业的发展：

第一,生产工具在一定程度上的进步和革新。如织缎之都南京,织缎之机的构造,"其精密细致,为海内所取资"①。江苏的棉纺业采用"一手三纱,以脚运轮"②的脚踏纺车,取代了以往两手拈一纱的手车。特别是四川的井盐业,采用了福建人林启公发明的"置枧"(即运用竹管输送卤水)技术后,非常合理地解决了把从井内汲出的卤水输送到火井地方熬煮的运输问题,改变了以往靠人力、畜力驮送的运输方式③,节约了大量的劳动力。

第二,分工更为细密,生产规模有所扩大,产品种类更多。在江西景德镇制陶业中,或按产品类别分工,每个窑户只生产某种瓷器;或按生产过程分工,有"陶泥工、挖坯工(俗呼做坯)、印坯工(俗呼拍模)、旋坯工(俗呼利坯)……"④等十三余种。

第三,手工业的机具和工人数增长。乾隆年间,"苏州东城比户习织,专其业者,不啻万家"⑤。而云南的铜矿矿厂的工人数,大厂"以数万计,小厂以数千计"⑥。

第四,产品市场扩大,销路遍及全国,有些产品销往国外。南京的绸缎,"北趋京师,东并辽沈,西北走晋绛,南越五岭、湖湘、豫章、七闽,溯淮泗,道汝洛",且输往日本、南洋。而

---

① 陈作霖:《凤麓小志》卷三,志事。
② 《乾隆上海县志》卷一。
③ 卢庆家等:《民国富顺县志》卷五。
④ 蓝浦:《景德镇陶录》卷三。
⑤ 《乾隆长洲县志》卷十七《物产》。
⑥ 《续云南通志稿》卷四十三,《矿务》。

广东铁器遍天下，当时有"佛山之冶遍天下"之称。景德镇陶器"行于九域，施及外洋"，其制陶"工匠来八方"，其陶器"器成走天下"①。

伴随着手工商业的发展，清代中叶的资本主义萌芽也有所发展。尽管封建政府仍然用强大的行政手段压抑手工商业的发展，但相对明代而言，政府在手工商业中的势力在慢慢地后退。康熙前期曾限定民间织机数目，每户不许超过百张，且每张织机要纳税"五十金"之多。迫于当时江南纺织业的发展形势，江宁织造曹寅奏免额税，由此，民间织机数目大增。在明代，官营手工业非常普遍，而在清代，官营手工业只局限在铸造兵器和钱币方面。即使是一些官营手工业行业中，劳动力再也不是带有徭役性质的军户、匠户、坑冶户，而大多是雇来的工人。明代官营的坑矿很多，清代则极少，大多是大商人聚资开采。政府助资是为了便于控制产品。迫于民生日用需要的压力，清政府在有关开矿还是禁矿的问题上，曾经反反复复地讨论，一些开明官吏也主张开矿禁，发展工商业，最终，于乾隆二年开放矿禁。资本主义萌芽的发展，正在扰乱着"康乾盛世"的宁静。

在学术文化方面，清政府也投入了大量的人力、物力，极力笼络大批士人之心。还在清朝刚刚入关之际，就对孔子礼遇有加，修孔庙，每年举行祭孔典礼，给孔子的后人加以种种特权。康熙南巡时，过曲阜，谒孔庙，向孔子行三跪九叩之礼。又对历

---

① 蓝浦：《景德镇陶录》，《陶说杂编》上，卷八。

代重要的儒家代表人物优礼有加,让他们的后代世袭五经博士。1670年康熙根据儒家学说,制定并颁布了"圣谕"十六条,将儒家的学说变成政治、道德的律令,通过政治的力量加以推广。康熙又特别推崇程朱理学,将朱熹放在孔子大成殿四配十哲之次,变成十一哲。又组织人编纂《朱子全书》,把朱熹集注的"四书五经"作为科举考试的标准教材。从顺治皇帝开始,便有御注儒家经典,如御注《孝经》。康熙时,这类御注经典更多,如御注《周易折中》、《日讲四书解义》、钦定《诗经传说汇纂》等。雍正时有御纂《孝经集注》,乾隆时有御纂《周易述义》《诗义折中》《春秋直解》等。特别是康熙、雍正两朝,由清政府编纂的《古今图书集成》,对板桥在世时的清代学术、文化界有较大的影响。该书由陈梦雷主编,荟萃群书,从各种典籍中按类采择摘录,汇编成书,共分六编、三十二典,全书共一万卷。至于板桥身后乾隆朝编纂的《四库全书》,更是几乎网罗了当时绝大部分士人,其对时代的影响是十分巨大的。可以这样说,这是一个令士人眩晕的时代,因而也是使大批士人丧失反抗意志的时代。明末清初的反清士人也逐渐死去,幸存者也垂垂老矣。康熙四十三年(1695年),板桥方才两岁,思想家、史学家,写下了中国最早的民主思想著作——《明夷待访录》的作者——黄宗羲逝世,享年八十六岁。而在这年,大思想家王夫之(1619—1692)却已死去三年,而顾炎武(1613—1682)、傅山(1607—1684)、吕留良(1692—1683)等则已死去十多年了。在艺术界,虽然八大山人(已七十岁)还在世,石涛(已五十四岁)正处于人生的壮年,但统治艺术界的则是代表清朝官方审美趣味的"四王":王时敏(1596—1677)、王鉴(1598—1686)、王翚(1632—1717)、王原祁(1642—1715)等人的艺术,在技巧上自然亦有其历史价值,但其艺术在内容方面却缺乏创新。他们用模仿、复古代替艺术家本人的艺术创造,从而扼杀了艺术的生命力。他们的艺术比较适应北京的贵族、皇亲国戚们的审美情趣,而与时代的最新风气不相适应。

应该说,康熙时代又是一个伟大的时代。历史以其自身的客观性顽强地展示着自身的力量。在学术方面,理学虽被清政府大力提倡,但经过明末清初的批判之后,已经失去了往日的光环,始终难以再成为显学。有清一代,可以说没有一个像样的理学家。与官方理学(或曰宋学)相对的是汉学。与明末清初的大思想家相比,早期汉学家阎若璩、胡渭、毛奇龄等人,他们并不激烈地反对理学,在现实生活中也多与清政府亲近、合作,但他们以比较冷静的态度来批评理学,在一定程度上深化了清代学术思想。特别是他们所具有的怀疑精神、学术批判精神,则是与官方所倡导的权威主义相对立的。在康熙大力提倡理学,极力推崇朱熹的时候,毛奇龄却极力指责朱熹所注的"四书五经"中的名物训诂的错误,作《四书改错》,这明显有挑战权威的意思。阎、胡二人分别在《周易》《尚书》的考辨方面,做了大量的工作,特别是考辨出理学家们视为孔门心传的十六个字:"人心惟危,道心惟微,惟精惟一,允执厥中"出于《伪古文尚书》,这对理学家们所谓的正统思想无疑是一个沉重的打击。与板桥同时的汉学大师惠栋及其弟子钱大昕等人，继承顾炎武的考据学术传统，从古文字入手，重视声音、训诂，推求经典原意，提出"实事求是"的学术思想，显然亦与官方的权威主义相对立。与板桥同时稍后的另一位汉学大师，皖派创始人戴震，晚年利用注经形式，对理学展开了猛烈地批判。

在远离北京政治中心的江南一带，代表新兴市民阶层审美情趣的在野艺术家们，以其饱满的艺术生命力在吸引着广大的市民。而明末在野思想家的反专制思想以各种变相的温和形式表现出来。在康熙朝，封疆大吏李光地在一定程度上可以作为官方正统思想家中进步倾向的开明人士。他虽然一方面帮助康熙皇帝大肆推行程朱理学，但另一方面，他又反对"一人横行于天下"，要求"使二千年相沿之秦酷一旦尽"，主张政治要为民众服务，要求司牧"将使助天而生养斯民"，重提"民为贵，社稷次之"的民本思想。李光地的思想，实际上是明末清初的早期启蒙思想渗透到封建统治内部的表现（参见许苏民《李光地传论》）。而康熙本人虽然是封建君主，坚决镇压反清复明的各种势力，制造如戴名世案等大型的"文字狱"，但他在某些方面亦表现出较开明的态度，提倡科学研究，注意培养科学人才，对一些反清之士采取了比较宽大的态度，用怀柔政策来收买人心，开博学鸿词科以网罗社会上的德高望重之士。这些历史的点滴进步虽如萤光星火之昏暗，但却是历史发展过程中进射出的新的亮点，在特定的历史条件下，将会发展为燎原之火，最终埋葬古老的封建帝国。

在艺术界，远离北方政治中心的扬州，开始涌动新的艺术流派，以"四僧"——朱耷、石涛、髡残、弘仁为代表的画派，正在影响着南方的年轻画家。特别是以八大山人和石涛和尚为首的画家，无论在技巧上还是在内容上，都以新锐的生气在影响着"扬州画派"。他们注重对现实的体悟，重视个人的感情抒发，以表情达性为艺术的宗旨，开创了新的艺术境界。陈洪绶（1599—1671）的人物画，对清初的复古主义画风和"四王"所垄断的画坛，也是一个有力的冲击。八大山人的花鸟画充满了生机，其画中的秃鹫傲视一切，表达了亡国破家者的不屈个性。石涛的绘画理论与实践，对其后的"扬州画派"产生了极大的影响，他"心师造化"、注重实践，"搜尽奇峰打草稿"，要求画家尽可能地发挥自己的个性，他本人在艺术创作中总结出了"一画"理论，又在"一画"理论的指导之下，创造出了大量富有生活气息，又饱含艺术家个人情思的作品，对当时及后来的"扬州画派"，从理论与实践两个方面都产生了重大影响。另外，像在南京的"金陵八家"等，也以各自的乡土风景，为南中国的画坛增添了活力。郑板桥之前的这些富有个性色彩的艺术家，以他们的艺术创作实践在抗拒着巨大的习惯势力，为郑板桥的艺术创新清扫了道路。

二、 童年

1693年农历十月二十五日半夜子时，在中国江苏兴化县县城东门外古板桥一带的一个下层士人家里，一个活泼的小生命诞生了，这便是后来的郑板桥。郑板桥，名燮，字克柔。在当时的兴化县城里，郑氏有三支，一为"铁郑"，一为"糖郑"，一为"板桥郑"。板桥喜爱自己这支的名称，故号"郑板桥"，又号理庵。板桥降生之日，在民间正是"雪婆婆生日"，长大之后的板桥刻有"雪婆婆同日生"的印章，以此纪念自己不同寻常的生日。

对于板桥的父母来说，小板桥的降生无疑给他们带来了希望。尤其是对板桥的母亲来说，来到郑家，生了男孩，无疑更是一种巨大的精神安慰。她完成了一个女人为夫家延嗣的神圣使命，这是在农业文化的框架下女人最为重要的使命。然而，这"雪婆婆生日"对于板桥来说，似乎又是一个不好的兆头，它象征着这个世界将以冰冷的态度来迎接这一生命。这个小生命与雪婆婆同日生，固然也会携带着白雪的纯真品质，可在一个到处充满着污泥浊水的世界，这白雪能与之相融吗？这白雪又能覆盖这肮脏的世界吗？也许，白雪给人的将不仅是对美的追忆，也有对美的渴望，对美和纯真向往的冲动。当这种渴望与冲动，渐渐地汇聚成一股强大的民族文化心理之流，那就会像暴风雨一样，把这世界冲刷得一时干净。

"雪婆婆生日"，对板桥来说可能是一种生命的偶然的巧合，然而这种巧合却在他日后渐渐长大的心灵里留下了深刻的印象。在他长大之后，他为纪念自己的生日，为了表达某种难以言说的对生命的感悟，冒着艺术界"不典"的讥诮，刻下了"雪婆婆同日生"的印章。板桥的时代，正值清王朝的鼎盛时期，学术界与艺术界均弥漫着一股复古主义思潮。板桥以"雪婆婆同日生"为印章，正要表达一种不同流俗，愿与民间俗文学亲近的艺术价值取向。面对世人的"不典"之诮，板桥以辩证、发展的艺术思想回答了这一责难。板桥说道："古之谚语，今之典；今之谚语，后之典。"他就是要从民间文学的土壤里汲取人生和艺术的力量，就像古希腊神话中的盖亚，要从大地母亲的身体中汲取力量一样。

然而，社会对板桥是冷淡的，甚至冷淡得有点残酷。在板桥三岁那年，巨大的人生不幸降临到板桥幼小的生命中——板桥的生身母亲因家庭生活困难，操持家务过度而太早地撒手人寰，离板桥而去。这就如严霜寒风猛扫幼小的树苗，使还不懂人事的小板桥尝到了人间的痛苦。当母亲已经僵直地躺在床上时，小板桥却还不知母亲已离人世："登床索乳抱母卧，不知母殁还相呼。"父亲为了既能照顾幼小的板桥，又能安心地在外地教馆，只好再娶。而像板桥父亲这样一个以教馆为生的下层士人，经历了丧妻、娶妻这样一番折腾之后，家庭开支更会日渐捉襟见肘，时或有不食之虞，亦属常见。《七歌》诗中，板桥心酸地写道："无端涕泗横栏干，思我后母心想酸。十载持家足辛苦，使我不复忧饥寒。时缺一升半升米，儿怒饭少相触抵。伏地啼呼面垢污，母取衣衫为泖洗。"

相对于千百万个贫穷的农家子弟来说，板桥的童年在不幸之中还有幸运。他不仅有一个善良的后母，还有一个十分善良的乳母费氏，她为板桥的生活尽了最大的努力。板桥中进士后，回忆这段生活时，颇动真情，写下了《乳母诗》。该诗的序说道："乳母费氏，先祖母蔡太孺人之侍婢也。燮四岁（应是虚岁）失母，育于费氏。""时值岁饥，费氏自食于外，服劳于内。每晨起，负燮入市中，以一钱市一饼置燮手，然后治他事。间有鱼飧瓜果，必先食燮，然后夫妻子母可得食也。"这位下层劳动妇女忠厚、质朴、先人后己的美好品质，给板桥留下了深刻的印象。中了进士后的郑板桥曾经感叹，即使日后有皇家千万钟俸禄，也不如乳母费氏的薄饼在手温暖、幸福："食禄千万钟，不如饼在手。"大约也正是受费氏的这种高贵品质的影响，板桥一直对下层人民，特别是孤儿、童养媳抱有深刻的同情，写下了《孤儿行》《后孤儿行》《姑恶》等大胆揭露现实黑暗的诗篇。

童年的特殊遭遇，培养了板桥的同情心。他在为官之后能时时记住故人，不像有些士人一考中了进士，立刻变脸不认人。在《历览三首》（其一）诗中，板桥批评了"乌纱略戴心情变，黄阁旋登面目新"的浅薄世俗之徒，对西晋文学家潘岳给予极大的嘲讽："劝君莫作闲居赋，潘岳终须负老亲。"[1] 这种关心旧人的品德与他早年的生活经历密切相关。板桥性格中所蕴含的人民性因素，恰恰是他日后在官场上与肮脏、腐化的生活格格不入的重要原因。板桥的这种人生走向，与现代大诗人艾青十分相似。艾青早年育养于农家，大堰河就是他的保姆。长大之后的艾青，始

---

[1] 潘岳，西晋文学家，曾任河阳令、黄门侍郎等职。五十岁那年，其母病，潘岳去官居家，作《闲居赋》，以示绝意于仕途，奉养老母。但最后又涉足仕途，得罪权贵，为赵王伦和孙秀所杀。此处，板桥讥讽潘岳言而无信，为权势所迷惑，以致辜负老母。

终与他的地主家庭格格不入，最终走上了叛逆家庭的道路，成为人民的诗人。艾青饱含深情，写下了《大堰河——我的保姆》长诗，表达了现代中国知识分子对人民的浓厚感情。而板桥的《乳母诗》，与艾青《大堰河——我的保姆》一诗所表达的对人民的感情，有着历史的血脉关联。

大约是因为幼小失去母亲的缘故，板桥从小受到了一种特别的宠爱。后母郝氏无子，对板桥如亲生子一般；而叔父对板桥也是厚爱有加，在某种程度上代替了父亲的职责。《七歌》诗中，板桥这样写道："三歌兮歌彷徨，北风猎猎吹我裳。有叔有叔偏爱侄，护短论长潜覆匿。倦书逃药无事无，藏怀负背趋而逸。布衾单薄如空橐，败絮零星兼恶卧。纵横溲溺漫不省，就湿移干叔夜醒。"后母、费氏、叔父三人的这种关心，甚至是溺爱，养成了板桥日后个性强烈的一面：不服人管束，不愿服输，能与人竞，亦自与"心竞"。这是板桥早年人生不幸中的大幸。

童年的板桥虽然遭受巨大的人生不幸，但他的家庭并没有放松对他的教育、培养。板桥的外祖父汪氏在文学上给板桥以很大的影响，其父在学问、人品方面对板桥管束更严。从十二岁到十六岁，其父均将板桥带在自己身边学习。父亲虽未中举，但其所授之徒多有成就。板桥对其父的成就、人品以及对自己的影响做了这样的描述："父立庵先生，以文章品行为士先，教授生徒数百辈，皆成就。板桥幼随其父学，无他师也。"

在板桥少年成长历程中，有一个人不能不提，那就是其乡的陆种园先生。陆种园，名震，字仲子，又字仲园。其人"少负才气，傲睨狂放，不为龊龊小谨"。他淡于名利，讨厌制艺，专攻古文辞及行草书，家贫好饮，又好急人所急。立身甚严的立庵先生，深知仲园的才学，让十六岁的板桥师从仲园。本来性情放达的板桥，受陆仲园的影响后就更为狂傲了。在日后板桥付梓的词钞中，他特别地点出其师陆种园先生，并刊刻种园先生的两首词于自己的词中，以示纪念，由此可见陆仲园对板桥的影响极深。在"自序"中，板桥说道："陆种园先生，邑中前辈。燮幼从之学词，故刊刻二首，以见一斑。"在《李约社诗集序》中，板桥对陆种园的诗、词均很推崇，并深为同邑中与种园同辈的三位先生（另二位为徐白斋、李约社）对艺术的精严不苟精神所感动。这三位先生在海棠花盛开之际，"命酒为欢"，且"三公论诗，虽毫黍尺寸不相假也"。同邑三公对艺术的精严精神，对少年郑板桥日后的艺术创作无疑产生了良好的示范作用。板桥在刊刻自己的作品时精益求精，与早年所受的艺术熏陶密切相关。

少年时代的郑板桥，是一个狂放不羁的人物。他不仅有陆种园这样的极富个性的老师熏陶，还有一批慷慨激昂的同辈朋友相激。《板桥家书·范县署中寄舍弟墨》中说道：徐宗于、陆白义辈，常常在一起纵论古今，言谈兵事，"谈文古庙中，破廊败叶飕飕，至二、三鼓不去，或又骑石狮子脊背上，论兵起舞，纵言天下事"。师辈的风范，同辈的相激，使板桥的少年和青年时代，颇为意气风发。但这对他日后涉世却也埋下了不幸的种子。在"唯把黄金通显要"的钱权结合的时代里，一个出生于贫寒士人家庭的青年，又不愿俯仰随人，其命运不能不崎岖曲折。伴随着结婚、成家，再加上老父的逝世，家庭重担的压迫，进入"而立之年"的郑板桥，便真正尝到了人间的辛酸，世态的炎凉。

三、"唯余白眼到清贫"——落拓青壮年

从二十三岁起，板桥开始壮游，首选目标当然是北京。在当时的读书人眼里，北京象征着权力。板桥的这次壮游，当然也是想与京城的权贵攀结关系。然而，一介书生，一无他人举荐，二无特殊技艺，更无大把钱财，在京师权贵之地，要想有所作为，无异于白日做梦。板桥第一次壮游北京，是以失败而告终的。现存板桥早年的书法作品《小楷书欧阳修秋声赋》，正是创作于当年寓住北京瓮山之时。欧阳修的《秋声赋》中所表达的凄清惨淡的心情，恰与郑板桥当时旅居时的心情甚相符合。在《七歌》中，板桥刻画了自己落拓归来后的苦闷及其人生窘态："几年落拓向江海，谋事十事九事殆。长啸一声沽酒楼，背人独自问真宰。枯蓬吹断久无根，乡心未尽思田园。千里还家到反怯，入门忸怩妻无言。"按照学术界的一种说法，板桥二十四岁方考取秀才，那么，他在旅居北京之时，连秀才还不是。一个无名之辈，在人才荟萃的京城，当然不会得到权贵的重视。

大约亦与狂放不羁的性格有关，板桥在家乡亦不得志，甚至连秀才也不让考。在《刘柳村册子》中，板桥说他"为忌者所阻，不得入试"。刚刚踏上人生旅途的郑板桥，就接二连三地内外碰壁，使得他过早地对仕途产生了警惕心理。其早年创作的一

些诗作就带有老庄的遁世情怀。其感受虽然还浅,但却种下了遁世的种子。

感伤、愤怒、不平,丝毫不能改变社会对自己的待遇,也不能改变自己的生活处境。为生计所迫,板桥不得不重蹈父亲的教馆生涯。二十六岁那年,板桥以灰暗的心情来到真州(今江苏仪征)的江村,做起了私塾先生。这种充当孩子王的生活,对于一个胸有大志的青年人来说,无疑是生活的放逐。板桥在诗中毫无保留地抒发了对这种生活的不满:"教馆原来是下流,傍人门户过春秋。半饥半饱清闲客,无锁无枷自在囚。"这种在夹缝中求生存的教馆生活,无论如何努力,都难以得到称心满意的回报:"课少父兄嫌懒惰,功多子弟结冤仇。"尤为令人难以忍受的是自己心中的穷途之恨和矛盾状态:"萧骚易惹穷途恨,放荡深惭学俸钱。"这种"无锁无枷自在囚"的生活,表面上清闲自在,稍加思索便会顿起痛苦之感,它没有挑战,因而也就没有成就的愉快感。生性放达、胸有大志的郑板桥,是不甘心如此消磨人生的。他必须寻找舒展生命的替代品,发泄心中的郁郁之情。大约也就在这一时期,板桥开始学画,"江馆清秋,晨起看竹,烟光日影露气,皆浮动于疏枝密叶之间,胸中勃勃,遂有画意"。其时,他还大量地创作诗歌,练习书法,并干出那个时代失意士子的放荡行径:"市楼饮酒拉年少,终日击鼓吹竽笙。"

孔子说"三十而立",也许只是指精神上的初步独立而已。三十岁的郑板桥在经济上并未独立。就在这年,板桥的老父长辞人间。这对一个收入本已十分微薄的下层士人家庭来说,无疑是雪上加霜。本来家庭日用日渐难支，此时更见窘迫。板桥在穷极无奈之时，只好变卖父亲遗留的书籍，聊度几日，没有稳定的经济来源，仅靠举债度日，这当然不是长久之计。但对于一无所长的士人来说，又能怎么办呢？一筹莫展的郑板桥，此时差不多失去了自己的理性支撑力，有时他只好拿自己的孩子出气，然而打了孩子之后，板桥又陷入深深的自责之中。在秋风苦雨的日子里，他只好命令全家晨眠晚起来打发这贫困潦倒的日子。《七歌》诗云："五歌兮头发竖，丈夫意气闺房泪。我生二女复一儿，寒无絮络饥无糜。啼号触怒事鞭扑，心怜手软翻成悲。萧萧夜雨盈阶所，空床破帐寒秋水。清晨那得饼饵持，诱以贪眠罢早起。"

为生计所迫，板桥不得不离家去扬州碰碰运气。

扬州，在清代康熙年间乃是繁华之地，这里有全国的最大盐业市场。如果说北京看重的是权力，那么扬州看重的则是金钱、权力和社会声誉。这虽是一个商业城市，但却是十八世纪中国专制政治体制下的商业城市，缺乏欧洲同时期城市的相对独立性。盐商们既要挥金如土，又要巴结权势。当然，这些盐商们在士人眼里看来，个个都是"盐呆子"。但他们大多都是中下层地主，又多多少少都有点文化。这些"盐呆子"们，也还想附庸风雅，在酒足饭饱之余也还要用书画来装点门面。他们可能对艺术一窍不通，只是需要名人来装点自己。因此，名声与社会身份便是他们取舍一个艺术家的基本标准。不可否认，这些最有能力来购买艺术品的"盐呆子"们，在审美情趣方面更注重"新奇"，与京城贵族的审美趣味颇有分别。这样的艺术消费群体也刺激着艺术创作以新以奇的面目出现。客观地说，这是一个颇能产生艺术巨人的地方。但此时此刻的扬州，对板桥来说，如同京城一样，仍然还是一个外在的"异化"存在，还不会接受这样一个名不见经传的"小人物"。板桥的《扬州》诗（之四）便透露了个中的消息："尽把黄金通显要，唯余白眼到清贫。"在权钱夹击的扬州社会里，四十岁之前的郑板桥可以说基本上是失败者。只是他没有被失败击倒，而是从失败中走了出来。二十年后板桥再来回忆这段生活时写道："十载扬州作画师，长将赭墨代胭脂。写来竹柏无颜色，卖与东风不合时。"这段创痛颇深的生活经历，板桥到老亦未忘记。潍县辞官归隐扬州之后，板桥报复扬州的轻薄，重又刻下印章一枚："二十年前旧板桥"。

仕途不顺，艺坛受挫，倔强的板桥犹如一头困狮。这头困狮还要遭受更大的心灵折磨。由于经济的拮据，家中的孩子得不到很好的照料，不幸夭折。消息从家中传来，板桥痛不欲生，和泪带血地写下了《哭儿五首》，惭为人父，揪心扯肺，其中第五首云："蜡烛烧残尚有灰，纸钱飘去作尘埃。浮图似有三生说，未了前因好再来。"此生未能尽为父之责，但愿来生再做父子，以偿今生之债。在中国传统文化中，只有儿子要报父母之恩，未有父亲要偿还儿子的债务。儿子的夭折，板桥的内心的自责是如何之深！

家庭的不幸，未能阻止板桥在人生上的精进。他在内心里发下大誓，不出人头地绝不回家。雍正三年（1725年）板桥再次出游北京，希望能转换人生际遇。这次与第一次稍有不同，在经历了人生的苦难、辛酸之后，他比第一次显得更为成熟。本来就性

郑板桥画像

情放达的板桥，此时更显得狂放不羁。无处居住，便借慈仁寺暂且栖身，正好与禅师们日夜交往。而此时的禅师们正受狂禅风气的熏陶，亦颇放荡。板桥正好借此机会，发泄自己心中的愤懑，故常常口出狂言，品评人物，因此而得"狂名"。郑方坤《本朝名家诗钞小传·板桥诗钞小传》云："郑燮……壮岁客燕市，喜与禅宗尊宿及期门、羽林诸子弟游。日放言高谈，臧否人物，无所忌讳，坐是得狂名。"这一"狂名"，对于板桥来说并不是好事，这将影响他日后的仕进。晚年的板桥在《淮安舟中寄舍弟墨》中回忆此事，还表现出忏悔之意："骂人是不好处"，"东坡以此受病，况板桥乎！"可见"狂名"对板桥来说，绝不是什么好的称谓。

第二次游历京师之地，除了结识了康熙第二十一子允禧，为他日后进入官场结下了善缘之外，可以说仍是一无所获。从《燕京杂诗三首》及《花品·跋》等文字，均可以看出板桥这一时期的心情。"不烧铅汞不逃禅，不爱乌纱不要钱，但愿清秋长夏日，江湖常放米家船。"这是不得志时的牢骚之语，不烧铅汞不逃禅、不要钱都是真的，而不爱乌纱则不完全是真。板桥出来谋生，求得一官半职正是心中之意，怎能不要乌纱呢！乌纱是要的，只是无路可求而已。百般无聊之中，板桥不免思念家乡："偶因烦热便思家，千里江南道路赊。门外绿杨三十顷，西风吹满白莲花。"京师之地无聊、苦闷，禅寺生活清净、寂寞，对于此时的郑板桥来说，真是进退维谷。"碧纱窗外绿芭蕉，书破繁阴坐寂寥。"但此时亦不能回家，只好借读书来解闷。真可谓是借他人之杯，浇心中块垒。《花品·跋》中，板桥直接道出了自己心中的愁苦心情："仆江南逋客，塞北羁人。满目风尘，何知花月；连宵梦寐，似越关河。金尊檀板，入疏篱密竹之间；画船银筝，在绿若红蘽之外。疾迷特甚，惆怅绝多。偶得乌丝，遂抄《花品》。行间字里，一片乡情；墨际毫端，几多愁思。"这大约亦是在无为之中求有为吧。当然，板桥在京师落魄之际，亦悟出了点滴人生道理，对人生的遇与不遇有一种宿命论的感怀。这种宿命的思想很难说就是消极避世的，对于三十三岁的板桥来说，可以消消太大的火气，培养一种更为达观的情怀。在《题宋拓虞永兴破邪论序册》中，板桥肯定了虞世南的高尚人品。对虞世南隐遁与出仕的身世做出了同情的理解："方炀帝征辽时，世南草檄，袁宝儿顾盼殿上，帝优之，命赋一诗而罢，终身不复见用。及太宗皇帝定天下，乃起从之。卓为学者宗师，可不谓神龙出没隐现，各得其时哉！士固有遇不遇，藉使开皇之末，仍然五季，天下土崩，无复圣天子出，虽终其身蓬室枢户，岂区区于仕进乎！"

这种题跋文字，在雍正执政之初是十分危险的。板桥未能仕进，似乎是本朝天子的不圣明。人于穷途末路之时，伤时骂天，此乃"狂士"方敢如此。作于第二次在京之时的《沁园春·恨》，便极写人生的牢骚、不平："单寒骨相难更，笑席帽青衫太瘦生。""难道天公，还箝恨口，不许长吁一两声？颠狂甚，取乌丝百幅，细写凄清。"

人生的不幸往往是接二连三的。在板桥壮志未酬之际，先失去了幼子，继而又失去了妻子。雍正九年，板桥原配夫人徐氏，因家庭贫寒,操持家务过度而不幸早逝。这对正集中精力追求功名的郑板桥来说,无疑是最沉重的一次打击。是年秋天,板桥创作了一系列的诗作,皆涉及夫人去世的事件。《客扬州不得之西村之作》诗云:"自别青山负凤期,偶来相近辄相思。河桥还欠年时酒,店壁还留醉后诗。落日无言秋屋冷,花枝有恨晓莺痴。野人话我平生事,手种垂杨十丈丝。"表达了对妻子的愧疚和对自己身世孤独的感伤。他中举后作《得南闱捷音》——"何处宁亲惟哭墓,无人对镜懒窥帷"和《韬光》诗——"我已无家不愿归"等,皆表达了板桥对原配夫人徐氏的深厚感情。《由兴化迂曲至高邮七截句》第四、第七两首皆用典表达自己对妻子的悼念之情。第四首的三、四两句云:"近来张翰无心出,不待秋风始觉回。"第七首云:"船窗无事哺秋虫,容易年光又冷风。绣被无情团扇薄,任他霜打柿园红。"诗中"团扇薄"一语,乃借西汉女文学家班婕妤《怨歌行》诗,喻夫妻恩情中道而绝①,而张翰的故事,则实有所指。张翰,西晋时人,字季鹰。齐王司马召他为大司马东曹掾,他知道司马将败,借秋风起因思念家乡菰菜、莼羹、鲈鱼脍之故,赶紧离开朝中归吴。不久,司马果然被杀,张翰以此而免祸。板桥在此诗中用张翰的典故,实与雍正四年以来朝廷内部的政治斗争以及接二连三的文字狱案有关:雍正四年

---

① 班婕妤《怨歌行》云:"裁为合欢扇,团圆似明月。出入着君怀,摇动微风发。常恐秋节至,凉飙夺炎热。弃捐箧笥中,恩情中道绝。"

正月，治允禩、允禟等罪，削籍离宗。九月，以"维民所止"的考试命题为由，兴起查嗣庭狱。雍正五年五月，查嗣庭一案刚刚了结，又拘禁大臣隆科多。雍正六年，又起曾静、张熙案；次年五月，再起吕留良案；六月，谢济世案起；七月，陆生案起；九月，雍正皇帝颁布《大义觉迷录》，从理论上消弭"夷夏之争"；十二月，杀陆生。雍正八年十月，以"清风不识字，何故乱翻书"句兴文字狱，杀翰林院庶吉士徐骏。从雍正四年到雍正八年，雍正皇帝连续不断地起兴文字狱，特别是吕留良案株连之广，更是骇人所闻！死去已四十多年的吕留良，因其著作中有反清思想，结果其家人、宗属、门徒均受牵连。这一系列震惊全国的大案，在板桥心中不能不投下阴影。当然，板桥此时并没有，也不可能参透"科举"的意义。他还要去实现自己心中"兼济天下"、光耀祖宗的美梦，而更现实的追求则是为家庭谋取固定的经济收入。雍正九年冬，当板桥办完徐氏的丧事后，家里已真的是一贫如洗了。这年的除夕前一日，板桥只好上诗本县汪县宰，请求县宰大人帮助。诗中写道："琐事贫家日万端，破裘虽补不禁寒。瓶中白水供先祀，窗外梅花当早餐。结网纵勤河又冱，卖书无主岁偏阑。明年又值抡才会，愿向秋风借羽翰。"（《除夕前一日上中尊汪夫子》）

贫穷、人生的不幸，没有将板桥击倒。雍正十年秋天，获得县宰支持的板桥去南京参加会试，终于中举。从此，板桥的人生有了根本性的转机。就在此年秋天，板桥在杭州韬光庵修书，与其弟大谈"天道人事"的道理，从而证明"善有善报"的古训并不欺人，仿佛自己即将获"王侯将相"之位，甚至有点得意忘形地说："王侯将相宁有种乎！"一吐胸中积压了二十余年的郁闷。

第三章 板桥生平（下）

从雍正十年中举（1732年），乾隆元年（1736年）中进士，到乾隆七年（1742年）出任范县县令，兼理朝城县事务，这十年是板桥人生的相对稳定期。中举之后，板桥幸得江西大商人程羽宸千金之助，安心读书，作画；又因社会地位提高，交游更广，心情稍稍舒畅，诗文创作少了个人牢骚，多了山林的闲适感，如诗作《赠瓮山无方上人二首》《瓮山示无方上人》《访青崖和尚和壁间晴岚学士虚亭侍读原韵》《寄青崖和尚》《法海寺访仁公》《同起林上人重访仁公》《山中夜坐再陪起林上人》等，极写山中清幽景色，绝少尘世纷扰，有一种浓浓的禅意，非心情宁静不能写出。

当然，中进士后，板桥等待做官的心情也更加迫切，亦曾上诗权贵，希望早日得官。乾隆元年五月，与户部郎中伊福纳游西山，访大同知府图牧山，作《赠牧山》《又赠图牧山》二诗。与清廷内阁职掌缮写文书的小官员方超然也攀结关系，并大肆吹捧方的书法："书成便拟《兰亭序》，何用萧郎赚辩才！"又贬低自己："笑我笔花枯已尽，半生冤枉作贫儿。"往日板桥的自傲自尊飞到九霄云外去了。而对国子学正侯嘉亦大大地吹捧一番："大哉侯生诗，直达其肺腑。不为古所累，气与意相辅。洒洒如贯珠，斩斩入规矩。当今文士场，如公那可睹？"同时又贬低自己的诗作："我诗无部曲，弥漫列卒伍。转斗屡蹶伤，犹思暴猛虎。"（《赠国子淀在侯嘉弟》）乾隆三年，作《上江南大方伯晏老夫子》四首诗。晏老夫子，即晏斯盛，他是康熙朝进士，雍正、乾隆时历官翰林检讨、贵州学政、鸿胪少卿、安徽布政使、湖北巡抚等职。时晏正官安徽布政使，寄驻江宁（南京）。该诗既歌颂晏斯盛，又展示自己的诗才。诗的结尾表现出明显的求官之意："手把干将浑未试，几回磨淬大江流。"不知何故，此次求官仍未得官。乾隆四年，卢见曾复为淮南盐运使，板桥书《赠卢雅雨诗墨迹》，便表达了多年求官不得的怨恨之情："何限鵷鸾供奉班，惟予引对又空还。"诗中鵷鸾乃指朝廷中官的品位。这一求官不得的怨恨之情，终于找到了恰当的发泄机会。乾隆五年，四十八岁的郑板桥借序董伟业的《竹枝词》之机，再次表达了对金钱与权势的愤怒、鄙视："挟荆轲之匕首，血濡缕而皆亡。燃温峤之灵犀，怪无微而不照。"不怕"招尤惹谤"，即使"割舌奚辞"！他对董伟业所抱的"焚香恨晚"的感觉："识曲怜才，焚香恨晚。"恰恰是自己不被统治者重视的冷落情怀的曲折反映。他要极力展示自己的个性，不顾什么礼教规范的束缚："酒情跳荡，市上呼尧；诗兴颠狂，坟头拉鬼。于嬉笑怒骂之中，具潇洒风流之致。"我辈虽"身轻似叶，原不借乎缙绅"，本来"眼大如箕，又何知夫钱瞄虏"！对于权钱结合的世界，板桥再次发出了挑战，恢复了青壮年落拓时与世俗抗争的姿态。

一、风波宦海一钓叟

在专制政体下从事政治活动，无异于在风波不定的海洋上垂钓。"伴君如伴虎"，虽是一句人人皆知的大俗话，却亦是地地道道的大实话，它以形象生动的比喻道出了专制政体下政治活动的危险性。作为艺术家的郑板桥，他凭着艺术家特有的精神气质和特殊的技艺，在风波不定的宦海之中，钓取他的人生理想，实现他"字养生民"的精神追求。

（一）牛刀初试——范县做宰

乾隆七年春天，板桥盼望已久的日子终于到来。然而，他只补了个七品县令的缺，并兼理朝城县。这与板桥心中所想差距很大。但无论如何，毕竟有了施展才能的机会，他心中还是高兴的。辞京赴任之前，板桥作诗赠慎郡王允禧："红杏花开应教频，东风吹动马头尘。阑干首蓿尝来少，琬琰诗篇捧去新。莫以梁园留赋客，须教《七月》课豳民。我朝开国于今烈，文武成康四圣人。"诗文当然不能免俗,有吹捧当朝之意。然腹联两句——"莫以梁园留赋客,须教《七月》课豳民",则表明板桥此时的一腔热情乃在于为范县的老百姓做点好事,并不是完全为了个人的升官发财。诗中"梁园"乃是指汉景帝之子刘武在都城大梁所筑之园,辞赋家枚乘、司马相如都曾在这里为客。板桥告诉慎郡王自己不愿当词赋清客,要求积极用世,诗所表达的积极用世之意还是明确的。

范县,在河南省的东北部,邻接山东;南面濒临黄河,清代时属山东省。板桥此次为范县宰,还兼理朝城县。朝城县乃一古县,唐代开元七年(719年)改为武圣县,天祐三年(906年)改为武阳县。板桥一身而任两县之主,这究竟是上司对他的"器重"呢,还是因为他与康熙第二十一子慎郡王允禧有密切私交的缘故呢?

据野史记载,板桥初到范县时,第一件事便是命令皂隶将县大堂的墙壁挖出许多小孔,与大街相通。当时县中同僚、皂隶人等,皆不知板桥用意,颇感奇怪,问他此举为何,板桥出人意料地答道:"出前官恶习俗气耳。"[1] 这种近乎荒诞的故事,虽然不一定有史料价值,但却以艺术的真实性揭示了板桥与众不同的为政之道:与民亲近,让百姓尽可能多地了解官府人员的行动,增加政治行为的透明度。这种与众不同的为政作风处理的事,亦是历史上广为流传的风流县令郑板桥的故事之一。

---

[1] 曾衍东:《小豆棚》卷十六《杂记·郑板桥》。

与板桥的性格、精神气质相通的另一则故事,便是他"巧点鸳鸯"。板桥一生最看不惯以富欺贫、嫌贫爱富的行为。他要利用手中的暂时权力来为贫寒有德之人主持公道。据《扬州画舫录·虹桥上》卷十所载,板桥为范县县令之时,巧用富翁之钱,巧嫁富翁之女。当时,有一富翁反悔,不愿将女儿嫁给一个穷秀才,便送千金为板桥贺寿,意欲利用板桥手中之权,合理合法地退掉这桩婚姻。板桥顺水推舟,受下这千金之礼,不动声色,假装收富翁之女为义女。先将富翁的未来贫婿潜收在县衙之中,然后招义女入县衙拜见义父。板桥拿出富翁所送千金作为妆资,在县衙为他们举办婚事,再送他们同归秀才故里。板桥的行为,当然算不得是主张婚姻自由,也很难说是追求个性解放。这种行为,与尊重婚姻当事人双方自由选择的近代思想差距还甚远,而毋宁说是传统价值体系下尊重贫士的德行而已。但这种尊重贫士的德行,反对以富欺贫的举措,恰恰体现了板桥精神中的人文精神,那就是以人的德行来抗拒外在的金钱"异化"力量,维护人性的尊严。而反对以富欺贫这种薄德行为,正是在抗拒当时社会普遍的崇富嫌贫的社会习气。封建社会的德行,往往正是因封建统治阶层内部人物的破坏才走向反面的。这一故事又表明,封建社会的道德必须依赖封建的法权来维护,而封建社会的危机已经全面、深刻地暴露出来了。板桥用法权来避免金钱势力对婚姻的干扰,虽然还谈不上是维护人的个性,但却维护了人性的尊严,避免人在自己的创造物——金钱面前的"异化",具有比较普遍的人文价值。

板桥在范县的政绩虽无具体的、详细的历史记载,但从后人的评价中仍可以看出。百年之后的刘熙载等人在《重修兴化县志》中说道:板桥"知范县,爱民如子。绝苞苴,无留牍。公余辄与文士觞咏,有忘其为长吏者"。在《论语·先进》篇,孔子通过曾点之口,表达了自己对吏治清明的太平盛世的向往之情,这一太平盛世即是:"暮春者,春服既成,冠者五六人,童子六七人,浴乎沂,风乎舞雩,咏而归。"按照孔子的政治理想来衡量,板桥对范县的治理是十分成功的。然而作为诗人的郑板桥,他虽处理好了政事,却未处理好"人事",没有很好地去打点他的上司。这就决定了他不能升迁。儒家政治思想是"以民为本",可在当时的政治生活中却"以官为本"。封建大私有政治的本质,是要维护以皇帝为首的大地主阶级的根本利益。整个社会所真正奉行的是彻头彻尾的自私原则。在这样的社会里,谁要是真正地奉行为民众谋福利的理想主义政治原则,谁就会在现实中到处碰壁。板桥在范县的四年政治实践,便初步地证明了这一点。他一身而兼两县县令,能做到衙门里了无讼事,非有吏才者,非对"王事"尽心尽力者,是难以获得如此政绩的。此时的板桥,是认真地把自己看作君王手下的效命者,兢兢业业,努力尽忠报君,《君臣》一诗便表达了他的这种态度:"君是天公办事人,吾曹臣下二三臣。兢兢奉若穹苍意,莫待雷霆始认真。"可上级官府对板桥兢兢业业的态度的回应则是冷淡有加,原职调任本省的潍县。这对板桥的从政信心不能不是一个打击。好在板桥此时的"官瘾"还未过足,调任潍县后,还连续担任了七年的县宰。

（二）吏才大展——"潍夷长"

范县四年的平静宦海生涯，似乎只是一个诱饵，诱导板桥继续在宦海里向纵深方向遨游。乾隆十一年，板桥从范县调至潍县。大约是考验板桥吏才的时候到了，他初到潍县，就赶上罕见的饥荒。整个山东省出现了"人相食"的局面，面对如此严重的灾情，要想上书等朝廷批准然后再赈灾，是来不及了。板桥深知官僚机构办事拖拉的习性，等到上面同意赈灾的时候，百姓差不多已饿死了。于是，板桥冒着"丢官""蹲狱"的危险，打算来个先斩后奏，边打开县里官仓赈灾边逐级向上申报。在打开官仓之前，围绕着是先请示再赈灾，还是边赈灾边逐级上报朝廷这一问题，潍县的县令、县丞等人意见不一。此时的板桥当机立断，勇于承担责任，坚决主张先放粮给百姓，然后申报朝廷，并向县丞们保证道："有谴，我任之。"板桥心中若是没有百姓，是没有这等勇气的。在开仓赈灾的同时，板桥还想了一些其他的救灾方法。他利用官府的力量兴修久已破败的城墙，利用修理公共设施之便，招徕大量民工，命令县中大户轮流开办粥场，供给修建公共设施的民工，使他们获得吃饭的机会。板桥此举，救活万人有余。

在灾荒之际，板桥还充分发挥封建政府的管理功能，抑制囤积居奇的不法大商趁机哄抬物价的行为，勒令他们平价卖粮，有效地控制了潍县的通货膨胀，有力地保护了小商小贩的经营活动，体现了板桥的吏治才能。

就是在这年秋天，潍县又遭旱灾，农业歉收。为了减轻农民的赋税，板桥自己带头捐出部分官俸，代民上缴赋税。虽然当时百姓立下了借贷的券契，然在板桥离任之后，将券契全部焚烧了。这体现了板桥深切的爱民之心。

乾隆十二年春，潍县又遭春旱，夏粮歉收，民大饥。五月十八日后，又连降两月大雨，造成水灾。板桥想尽一切办法赈灾救贫。这一系列的灾难上报朝廷之后，直到乾隆十三年三月，朝廷才派大学士高斌与都御史刘统勋赴山东处理赈灾事宜。此时的潍县若不是板桥在任，或者在任官员不像板桥这样果断、迅速地处理问题，则潍县不知要饿死多少人！

乾隆十四年春，潍县又发生饥荒，直到该年秋天，年成才有好转。逃荒在外的难民陆续还乡。板桥目睹此情此景，遂作《还家行》一诗。

而潍县人民的灾难还没有结束。乾隆十六年二月十五日，海水涨潮，淹至潍县北边的禹王台。板桥又去禹王台勘灾，为纪念此次勘灾经历，作《禹王台北勘灾》一诗。

从乾隆十一年上任，到乾隆十六年二月，调到潍县的板桥一直处在救灾的活动之中，可谓疲于奔命。尤其是赈灾过程中迎接朝廷大员，更是身心俱累。乾隆十六年，作《思归行》诗和《思归》词，表达了自己厌倦官场的心情。在《思归行》中，板桥对封建政府的保障系统提出了许多疑问："何以未赈前，不能为周防？何以既赈后，不能使乐康？何以方赈时，冒滥兼遗忘？"这些疑问，板桥是清楚呢，还是不清楚呢？可以说是既清楚，又糊涂。凭他为官的经历，他岂能不知官吏的贪婪？岂能不知未雨绸缪的重要性？在乾隆十三年的《乾隆修城记》中，板桥明白地说："天地有春必有秋，国家有治必有乱。狃于承平，而不知积渐之衰，仓猝之变，非智也。今天子圣仁，海内安静，而不思患预防，绸缪未雨，岂非人而不如鸟乎！"含蓄地批评了当时政府官员不知积渐之衰，不知未雨绸缪，只是一味地沉浸于太平盛世之中的愚蠢行径。凭他吏治的经验，那些赈灾中所谓的"遗漏""冒滥"，不正是一些官吏徇私舞弊的结果！而他不明白的则是：封建政府之所以不提前防范灾害，就在于封建政府本不是为民众谋福利的，他们其中的绝大部分官员不可能在平时去考虑民生问题，而只会去考虑他们自己如何加官晋爵，不可能人人都像板桥那样，真诚地为民谋利。就在该年的九月十九日，板桥创作了"难得糊涂"的横幅，道出了心中的极度苦闷："聪明难，糊涂难，由聪明而转入糊涂更难。放一着，退一步，当下心安。"他深知自己力量微薄，无法抗拒庞大的官僚机器，他只能"放一着"，"退一步"，以求得自己内心暂时平静，不愿放任这"剪不断，理还乱"的恼人问题像魔鬼一样纠缠自己。这是深受道家思想影响的郑板桥的聪明之处，也是像板桥一样的中国传统的绝大部分士人的软弱之处、不足之处。这种软弱与不足，也正是专制政治的残酷性所导致的。殊不知，历史上那些为民请命的耿直之士，哪一个不是死于非命！板桥深知宦海的险恶，为政清廉而不给人以任何把柄。但即使这样也未能幸免毁谤。他的一系列的利民措施，已深深地触动了下自地方、上至各省的大豪绅的利益，此时他若再久恋官栈，必遭杀身之祸。板桥的退一步、放一把是有自己的道理的。

应当说，板桥在潍县的七年时间，政绩是显著的。他在救灾活动中为人民所做的一切好事，都在人民心中的丰碑上刻下了精彩的文字。七年的潍县县宰，他有五年的时间是用来处理灾害。但即使如此，板桥还是励精图治，在城建、文教、育人、折狱等方面，均做出了巨大的成绩。在风波不定的宦海中，钓取了百世不朽的利民功业。

乾隆十三年秋，当旱灾、水灾稍有和缓，板桥便着手修筑多年失修的潍县县城，加固城防，以防止来年的洪水袭击。他不仅没有像有些贪官利用赈灾之机大发不义之财，反而自己带头捐资"三百六十千"，修筑城墙。在工程开工之时，他委托城中开明绅士郭氏代自己修筑六十尺城墙。这一无声的身教，感动了城中的小商小贩及一些开明绅士、合邑绅士等二百四十五人，共捐银八千七百八十六两，各烟店共捐一百二十千文。乾隆十三年十月开工，第二年三月完工，仅用五个月时间，修城一千八百余尺。这种大规模的工程，以如此高的效率完成，没有人民诚心诚意地投入工作，是不可能完成的。

在修城过程中，板桥为了避嫌，对财、物一概不经手，而委托给他人。这种清廉自正的为政作风，即使在今日仍有可以借鉴、学习之处。

由于在修城过程中，像其他小贩一样，卖烟小商小贩也出了力。板桥作为县令，便要给他们以相应的回报。乾隆十四年，在潍县县城的城墙竣工之后，板桥制定了《潍县永禁烟行经纪碑文》，禁止行会对小商小贩的盘剥。碑文写道："查潍县烟叶行本无经纪，而本县莅任以来，求充烟牙执秤者不一而足，一概斥而挥之，以本小利薄之故，况今有功于一县，为万民保障，为城阙收功，可不永革其弊，以报其功，彰其德哉！如有再敢妄充私牙与禀求作经纪者，执碑文鸣官，重责重罚不贷。"这一行动，实际上是保护小商业者，反对封建行会对小商贩的剥削，促进了商品经济的发展。如果说，在商业发展的最初阶段，行会有保护商业的作用，但到了封建社会的后期，行会则蜕变为阻碍商业发展的社会肿瘤。板桥果断地铲除这一社会肿瘤，为潍县的商品经济发展起到了积极的推动作用，且顺应了历史发展的潮流。

乾隆十五年，板桥又动员县中开明士绅修葺文昌祠，以激励本县士绅倡文教、洁身行、敦教化。又修状元桥，尊重、保护本县的文化资源。这一系列的政治实践活动，充分展示了板桥得志加惠于民的政治理想。像在范县一样，在潍县，板桥亦注意发现、培养人才。潍县贫士韩梦周能考中进士，实靠板桥的提携、帮助。一日夜行，板桥听见读书声，心内嘉许。循读书声走近，乃见一贫寒书生，此人便是韩梦周。板桥得知韩家贫寒，便在日后的岁月里时时周济。最后，韩亦考中进士，为安徽全椒县县令。韩在任期间，学习板桥，爱民惠民，颇有政声。

板桥在潍县期间，亦有过企求升迁的愿望。乾隆十二年秋，板桥临时调到济南，参加乡试工作。他与德保唱和，希望借此机会升迁。然而秋试结束后，板桥仍官处原职。这年，板桥与殿元于敏中和诗，吐露了身为七品官的不满："潦倒山东七品官，几年不听夜江湍。"意思是说，我不想再干下去了，回去算了。乾隆十三年二月，帝巡山东至曲阜，板桥奉命为书画史，在泰山卧顶四十余日。板桥以为此次可能会升迁。然乾隆皇帝回北京后，板桥还是官处原位。这一系列的失望，使板桥产生了去官之志。乾隆十四年，板桥为载臣作《自咏》诗，抒发心中的牢骚："潍县三年范县五，山东老吏我居先。一阶未进真藏拙，只字无求幸免嫌。"乾隆十六年，除了作《思归行》《思家》诗词外，他还作有一联："作画题诗双搅扰，弃官耕地两便宜。"而就在板桥自己亦想退隐之时，一些不法豪绅、富商因不满板桥平时对他们的压制，造谣中伤，说板桥私藏赃物，弄得满城风雨。板桥自觉不能再恋官栈，应赶紧退隐，过自己的"笔砚生活"，否则有杀身之祸。

（三）板桥折狱及板桥的吏治思想

秉公办案是古代中国民间所津津乐道、孜孜以求的法治理想。板桥继承了这一吏治理想，在当时的历史条件下做出了许多有利于人民的事。

在民间流传着这样一个故事，当时的潍县崇仁寺与大悲庵正好相对，有一对青年僧尼相好。这对僧尼本来是一对恋人，由于迫于父母的压力，不能结合，只好双双出家。出家后，他们利用宗教做掩护，仍继续相爱。不慎，有一天被当地的好事者发现，便被告为伤风败俗，当场被扭送到县大堂。板桥坐上县大堂，仔细一看，觉得这对僧尼正好年龄相匹，便有心成全他们。细细问明了情况，便顺水推舟，判他们还俗，然后再当堂将他们配为夫妻。这虽是一则民间传说，却生动地反映了板桥对青年男女自由恋爱持支持的态度。这一开明的态度实际是同情下层百姓合理的人情物欲，与当时社会的种种假道学判然有别。板桥同情青年男女的自由相恋，巧妙地利用了封建官府的权力功能，为青年男女的自由恋爱提供保护伞。板桥的这种态度，正好与明清以来主张男女婚姻自由的进步思想在精神实质上是一致的。从纯粹的办案的角度来说，板桥此案亦办得精明，他既维护了宗教的圣洁性，又照顾到了世俗的人情物欲。这与清初大思想家们所倡导的"天理不害人欲"的理想是一致的。

在板桥的吏治思想中，为民做主是其一贯的倾向。用当时富商大贾的批评语言来说，即是"讼事则右子而左富商"。《小豆棚·杂记·郑板桥》篇记载，有一开盐店的大商人，抓住了一盐贩，送到县大堂要求板桥对他加以惩罚。板桥看到被抓的是一个衣衫褴褛的穷人，心里已经明白了八九分，便对大盐商说，你要打他，我来替你做主，让他负枷示众好了。盐店老板喜出望外，立即表示同意。板桥随即命令县役取芦苇编织的枷锁，高八尺阔一丈，前织一孔，令小盐贩钻进，抬到盐店老板门口，示众一周，又在芦席上画上十几幅兰草。一时，盐店老板门口热闹非常，观看之人，络绎不绝，接连两天盐店不能卖盐。而且"犯人"还须盐店老板供饭。起初，盐店老板还颇为自得，后来一想不对劲，第三天，赶紧跑到县衙，要求板桥放人。板桥说，放人可以，必须拿银子来，因为"犯人"刑期未满，每天须交二十五两银子，四天共一百两。盐店老板只好应允。板桥将罚来的银子一并给了小贩，作为对他的补偿。故事不免夸张，但却以艺术的形式传达了板桥"为民做主"的吏治思想。这种为民做主的吏治思想，必然要损害富豪大商的利益，因而遭到他们的围攻。晚年板桥辞官归隐的原因之一，便是要趁早摆脱富豪大商的攻击。

有据可依的资料是，板桥在潍县折狱时留下的部分判牍。这些判牍，为研究板桥的吏治思想提供了最好的证据，亦可以从中窥视出板桥的妇女思想和伦理思想。

1."小大之狱，必以情"的求实思想

板桥在处理民事纠纷时，十分重视事情的真实情理，绝不听信一偏之言。在现存判牍中，有一案告王廷美"恃强逞凶"。板桥看告状者的状词里并无充足的事实根据，便立即给出答复："词未声明，混覆不准。"又有诬告他人偷窃一案，板桥一眼就看出其中的破绽，立即批复道："郑生瑞等果将粮食器具私载潜逃，该庄何止尔一人呈控？明有别情，不将实情说出，不准。"

有一借公利名义而实报私仇的案件，板桥很快看出其中的实情，当场给予否定："阴雨连绵，水淹到处都有，所称潘儿庄挑筑新堤，与尔庄妨碍，何不早禀？至今日水淹始控乎？况尔庄八十余家，独尔一人出头，明系挟嫌借端生事，不准。"

又，在潍县救灾期间，有些人冒领灾粮，板桥对此表现出明察秋毫的精审态度，表现了板桥了解民情的政治作风。现存的一份判牍云："查勘该社，并未被灾，不准。"在灾情严重，而救赈粮食有限的情况下，无灾村庄冒领一份，有灾村庄则会多饿死一些人。板桥对此冒领行为极为愤怒。有一地主，亦趁机冒领救灾粮,板桥据实加以斥责:"既据有地二顷五十亩,尚谓之穷人乎?不准!"这种有理有据的办案判词,其背后浸透了板桥平时了解民情的一番苦心!

2. 重视婚姻中的个人意愿,反对以种种缘故拆散良缘——板桥进步的婚姻伦理思想

在现存的案牍中,有一件公公告媳妇的案子。原告说媳妇私自回娘家,久久不归,要求板桥动用官府力量强迫媳妇回家。板桥从当时社会的妇女生活实际推测,如果媳妇在婆家生活是幸福的,绝不会私自回娘家且久久不归婆家的。因此,板桥给出了这样的判词:"妇必恋夫,尔子相待果好,尔肯私自归家?应着尔子以礼去唤,不必控。"俗话说"清官不断家务事""清官难断家务事",板桥对此家务事的处理,即使在今天看来,亦不失为一成功的调解家庭纠纷的案例。这一案例中,板桥同情妇女的思想倾向十分明显。他要求原告的儿子"以礼去唤"自己的媳妇,表现了对妇女的高度尊重。

守寡,是一个复杂的社会现象。在封建社会,寡妇的社会地位本来就很低微,但封建宗族势力为了钱财的缘故,往往逼迫寡妇改嫁。板桥在处理这类案件时,其基本原则是遵从寡妇本人的意愿,表现出"人道"的原则。

在现存的判牍中,有两条涉及"为财礼起见"而反对寡妇改嫁的案件。板桥以如炬明眼,看出原告讼词背后的企图,一一给予否决,从而维护了寡妇再次选择婚姻的权利。判牍之一说道:"郎氏因无嗣而嫁,又有母家主婚,便非苟合,明系不得分财礼,

借词渎控。既无干证，又无代书图记，不准。"判牍之二说道："李氏如果守贞，岂肯改适？今成亲一月，告亦何益？无非为财礼起见，着词证确查理处。"特别是后面一起案件，板桥对原告以"贞节"的枷锁来镇压李氏，而自己无非是从中谋取钱财的不轨动机，当场予以揭穿。与此案件相似的另一案件，亦是原告以"守贞"的道德枷锁来诬告王氏，板桥亦予否决，判词云："王氏果欲守节，二十日嫁娶，即应喊鸣地邻禀究，何迟今始控？明系有别情，不准。"

在有些判牍中，涉及寡妇"守志"的问题，板桥十分关心。判牍中的姜氏寡妇，因为守志而不愿嫁人，族人则纵子逼嫁。板桥在审理此件案子时，明显地站在同情寡妇的立场上，判牍云："孀居寡媳，应善为抚恤，何得纵子逼嫁？姑从宽准息，再犯倍处。"另有一姓姜的寡妇没有子嗣，姜氏生病，板桥要求族人赶紧选定继子，以慰寡妇之心。判词云："姜氏现在患病，未便延缓，速继一子，以慰贞妇之心。"大约族人痛恨这位姜氏寡妇守节，没有分到钱财，在立嗣问题上迟迟拖着不办，直到姜氏寡妇死后，亦未办理此事。板桥得知此事，又下公文，催族人办理此事："姜氏虽死，理应择继承嗣。"族人寻找理由加以拖延，说姜氏守寡的意志并不坚定，当初曾想过要改嫁，故而不应立嗣。板桥维护姜氏道："既据姜氏始欲改适，今仍悔过终志，查应继嗣人，议继可也。"当然，板桥在此褒奖"守寡"的行为，有一定的历史局限性。但这种局限性在特定的历史框架里，仍包含一定的仁爱精神，那就是关心寡妇的精神要求——希望有一过继子嗣满足自己有后代，死后不做孤魂野鬼的愿望。其次，也表现出板桥遵从寡妇个人意愿的人道情怀。可是，姜氏寡妇的族人，却偏偏不愿这样做。对比之下，族人是何其残忍！板桥又是何等的仁慈！

当然，板桥亦有板桥的不足，那就是太相信道德的力量了，对那些寡妇状告族人逼嫁的案件，表现出不相信的样子，并不亲自去调查，而是要寡妇自己去央人来证实，这就流露了板桥的封建官僚作风了。现存判牍三中有一条便是如此批复的："尔果欲守贞，谁敢强尔改嫁？仰族长乡地邻佑查察报究。"判牍二中有一寡妇状告李明山强嫁时，板桥则批复道："尔果情愿守贞，李明山何敢强嫁？准存案。"当然，具体的历史细节，我们今天已无法知道了，也许这两位寡妇平时的名声就不好，板桥早有耳闻。若是如此，则板桥就是在维护封建道德的纯洁性；若不是这样，则板桥如此判案，就显得草率。因为他在判案时，明明遇到过多次逼嫁之事，为何还要明知故问呢？在今日，这桩公案也只能存疑了。

在处理婚姻案件时，板桥比较重视人的感情因素，反对以金钱来干涉青年男女的婚姻。在现存判牍之三中，有一岳翁嫌未婚女婿家贫而欲毁弃婚约，板桥判了个不准。理由是："业已做亲，应成连理。"以成人之美为准。判词云："尔女十五，婿年二十岁，年甲未为不当，亦难审断分拆，业已做亲，应成连理。彼此当堂具销案。"这与《扬州画舫录》所载板桥为贫婿做主成婚的故事，在结构上是一样的，或者说，《扬州画舫录》上的故事就是以此事例为原型而创作的。

3. 维护法律中的理性原则，阻止刁蛮无理的行为

从本质上说，封建法律是维护封建地主阶级特权者利益的。但是，在处理民事纠纷时，若办案官吏能秉公执法，则亦具有维护基层社会秩序的功能。板桥就是这样一位少有的秉公执法的县令。他对地方上的流氓、地头蛇以及一般的刁蛮分子的无理行为，立即给予制止。现存判牍中有这样一个案件，有一家不服县府的判决，便利用民间纵妇女撒泼的方法，企图挽回败诉。在封建社会百姓畏官如畏虎的情势下，能做出如此举动的，绝非一般的良民，大多是地方上豪绅或有权势之家。板桥不畏权势，更知道这些豪绅的手段，面对如此场景，果断地做出判决："业经批出，不得倚妇女多渎。""昨已明批示，不得倚妇人混渎。"豪绅企图利用妇人的哭哭啼啼行为扰乱、抗拒明正的审判，哪知板桥不吃这一套，用非常严正的言辞抵挡回去了。另一案件与这一案件性质稍有不同，乃是一起民事械斗致人丧命的恶性案件。

"尸亲"的家属屡用刁渎来干扰正常的审判活动，并指责官府偏向被告一方。面对"尸亲"的刁泼行为，板桥据理力争，真诚地劝告死者的家属要理性地对待问题，不要再制造新的不幸。残牍中的判词是现存判词中较长的一段，比较能反映板桥的吏治思想原则，现摘录下来，以供分析。判词云：

> 王朴庵被王六戳伤身死，尔将其全家兄弟人等悉行告上，已拖死王奋笃一人。王六叠夹几次未得真情，现去严

审。刑户理当伺候，有何偏袒？从来杀人者死，一人一抵，有何拘纵之处？因该犯病未愈，不能招解，何得听信讼师倚恃尸亲，屡行刁渎！凛之，慎之。

从上面的判词可以看出，第一，板桥是认可民间"杀人偿命"的习惯的。这是与传统吏治思想相同的一面。第二，对杀人犯亦持有一种人道主义的同情态度。王六虽为杀人犯，但目前身体患病，不能出庭招解，故板桥向原告解释，并劝告他们不要听信讼师之言，以免造成更多的不幸。应该说，此是板桥与传统吏治行为有所不同之处。第三，板桥反对蛮横无理的胡闹，坚决按照正常的程序来审理案件，不为地方上的权势所压倒，体现了板桥正直的一面。

在现存的残牍中，有多处批复"不得倚妇女多渎""刁渎可恶"的字样，表明板桥对当地的一些豪绅、地头蛇的刁蛮行为，坚决地采取了制止措施，维护了封建法律中所包含的那些理性原则。

二、"我梦扬州，便想到扬州梦我"——归隐闹市

清人方玉润在《星烈日记会要》中，曾把板桥看作是"隐于书画者"，是孔子所说的"古之狂也肆"者。这虽然淡化了板桥抗争世俗的精神，但若说晚年的板桥隐于艺术则不无道理。现存的板桥作品，大多是他晚年的作品。而他许多有思想的艺术批

评,亦多是晚年所作。他的诗、书、画创作,在晚年都达到了一个高峰。可以这样说,板桥归隐扬州,实际上是归隐艺术,是归隐自由。他与传统文人士大夫归隐的不同之处在于,他没有归隐田园生活的闲适,没有依赖乡土田园的人情,不靠田地上的所产来维持生活,而是把自己的精神寄托在艺术的自由创作之中,通过自己的技艺来维持自己的生活,这展示了历史发展的新动向:传统文化中学术传统与工匠传统的分离,在商业最为发达的扬州地区,开始走向融合。极少数士人,正在摆脱传统的束缚,走上一条新的生存之路。像《儒林外史》第五十五回中所描述的四位"市井奇人",其中会写字的季遐年,便是由士沦落为一般的卖艺之匠的典型。写字人季遐年,虽还保持着士的气质,但他的生活方式已基本上是匠人的了,他必须通过自己的卖艺活动来养活自己。而其中开茶馆的盖宽,做裁缝的荆元,则是由工匠逐渐向士靠拢。现实生活中的"扬州八怪",则是士向工匠传统靠近的活生生的事例。

(一)"而今再种扬州竹"

乾隆十六年,在潍县经历了一系列磨难的郑板桥,真的动了思归的念头。他尽了最大的努力,但无法真正解决百姓的痛苦。他不敢说当今的皇上如何,只能怪罪自己无能,"臣也实不材,吾君非不良"。还是回家藏拙吧,家乡的虾螺鱼藕是多么诱人!在这一年,板桥连续作了《思归行》诗、《唐多令·思归》《满江红·思家》词。在《思家》词中,他对自己的生活做了初步的安排:"何日向,江上躲;何日上,江楼卧。有诗人某某,酒人个个。"要在诗酒、朋友之中,度过晚年,以免"将白头人供作折腰人",太罪过。乾隆十七年,板桥为自己作寿联,更进一步地表达了回归自由的愿望。上联先发牢骚,说十几年来的宦海生活不尽人意,希望归隐扬州后能放纵性灵,使五官灵动,这样可以胜过千官万官的权势与富贵:"常如作客,何问康宁?但使囊有余钱,瓮有余酿,釜有余粮,取数叶赏心旧纸,放浪吟哦,兴要阔,皮要顽,五官灵动胜千官,过到六旬犹少。"下联则表达了自己过一种平常、自在的生活的愿望,并不要求刻意成仙。自由的日子,一天算两天,活到六十来岁,则就是一百多岁:"定欲成仙,空生烦恼,只令耳无俗声,眼无俗物,胸无俗事,将几枝随意新花,纵横穿插,睡得迟,起得早,一日清闲胜两日,算来百岁还多。"

这一天终于来到。乾隆十八年春,郑板桥离开是非甚多的官场,来到朋友如云的扬州。返扬之日,宴请诸友。宴会之上,诗人李啸应板桥之请,出一上联:"三绝诗书画",让众人对出下联。众人苦苦思索未得,板桥不紧不慢伸出手掌,众人一看,齐声惊叫妙联:"一官归去来"。与当年苏轼用"四诗风雅颂"对契丹使者"三才天地人"一样,均为绝妙工稳的上上之对。这年三月,板桥创作《墨笔图轴》,在题识中表达了一种游鱼归深渊的自由、快乐:"二十年前载酒瓶,春风倚醉竹西亭。而今再种扬州竹,依旧江南一片青。"

(二)以艺会友,周游南北东西

回到扬州之后,板桥的创作激情旺盛,他这时再也无法推托好友索画了。该年九月,好友书民强行索画,板桥不得不作。在所赠之画的题识中,板桥调侃地把书民比作当年唐代抢劫李涉的绿林强盗:"昔李涉过桐江,有贼劫之。问是涉,不索物而索诗。涉曰:'细雨微风江上过,绿林豪客也知文。相逢不用相回避,世上于今半是君。'书民二哥,晚过寓斋,强索予画,横甚。因也题诗诮让之曰:'细雨微风过上村,绿林豪客暮敲门。相逢不用相回避,翠竹芝兰画几盆。'"短短的一段题识,将书民与他之间的亲密无间的友情,神情毕肖地刻画出来了。十二月,为道友粹西写兰,又为门生王允作《墨竹图轴》。回扬州的第二年春,游杭州。又应乌程县孙扩图、湖州太守李堂之邀,游湖州诸名胜。既释往日官场夙隙,又饱览了钱塘江的风光,"探禹穴,游兰亭,往来山阴道上,是平身快举,而吼山尤妙"。回扬州后,九月二十九日,又与汪堂、药根上人等十余人聚集百尺楼,分韵赋诗。六十三岁那年,又与老友李鱓、李方膺合作,创作了《三友图》,复堂画松,晴江画梅,板桥画竹并题诗。六十四岁,即回扬州的第四个年头的二月,板桥作为发起人,组成桌会,每人携百钱以为永日欢。时有三位老者:白门程绵庄、七闽黄瘿瓢和板桥自己。黄瘿瓢即黄慎;程绵庄即程廷祚,平生以治经学为主,著有《清溪文集》十二卷,另有续编八卷。其中的五位少年是:丹徒李御、王文治,燕京于文浚,全椒金兆燕,杭州张宾鹤。其中李是诗人,王是文学家、书画家,金是文学家,张则工诗善画,于氏生平不详。时至下午,济南朱文震亦来参加,一共九人。朱是书画家、篆刻家,板桥印章中多有朱氏作品。为纪念此日桌会，板桥作《九畹兰》，题诗道："天上文星与酒星，一时欢聚竹西亭。何劳芍药夸金带，自是千秋九畹青。"诗中芍药、金带皆属名贵药品，诗人不祈求名贵药品以获得肉体生命的长寿，自信自己的精神将千秋常青。

乾隆二十二年丁丑，板桥六十五岁。是年三月，扬州转运使卢见曾主持盛大的红桥修禊，作七言律诗四首，和修禊韵者有七千余人，板桥也参加了此次盛会，作《和雅雨山人红桥修禊四首》。诗兴未足，又作《再和卢雅雨》诗四首，以偿夙日诗债。

该年十一月，在高邮与分别二十余年的老朋友织文世兄会面，流连数十日而后返。此次会面极为欢洽。板桥刚至高邮，正欲买舟，不意织文老友早已荡桨而至，直叩板桥寓所之门。织文能诗，且爱板桥之诗。临别之际，板桥为满足老友的爱好，将自己的诗词一气书写了十几张纸，又为之作屏风，以作纪念。

老年的郑板桥，豪兴不减，东游西闯，真正满足当初归隐之时"放浪吟哦"，兴阔皮顽的愿望。六十六岁这年秋冬，板桥回到他阔别多年的真州。这是他青年时教馆的地方，朋友、弟子极多。诗人诗兴大发，作杂诗八首，后属和之诗甚多，再叠前韵，又作八首。此十六首真州行，极写江南水乡之美，也抒发了自己"白发盈肩"的无奈之感："挂冠盛世才原拙，卖字他乡道岂尊？"又说："策马有心鞭已折，抄书无力眼全昏。而今说醒虽非醒，前此俱为蝶梦魂。"来到往日教馆的西村，追忆逝去的年华，特别是重践当时山中之约，见到物事全非，"画墙边朱门欹倒，名花寂寞。瓜圃豆棚虚点缀，衰草斜阳暮雀"，不禁壮志全灰。

乾隆二十五年五月，六十八岁高龄的郑板桥又游通州（今江苏南通），客寓保培基井谷园，为保培基之兄保培源的居处艺园作"无数青山拜草庐"匾额。保氏兄弟乃通州富室，其中保培源还是收藏家。七月七日，又到如皋，在汪氏之文园与汪之珩等人共度七夕。在汪氏文园，板桥作《刘柳村册子》《板桥自序》两文，为自己的艺术再次做了总结。此时，又游了范大任的古澹园，作有《古澹园诗》。

乾隆二十八年，卢雅雨主持第二次红桥修禊，七十一岁的郑板桥与四十七岁的袁枚相遇于修禊席上，不甚相契。四月五日，与杭世骏、金农、陈江皋诸名人游，板桥亦赋诗《和卢雅雨红桥泛舟》，这是板桥晚年与名人游的最重要一次。这些游历，激发了他诗文书画的创作热情，实现了他归隐艺术的理想。在《与柳斋书》中，板桥对自己的四处出游做了解释："非尽为贫而出，盖山川风月，诗酒朋侪，性之所嗜，不可暂离。"

（三）"二十年前旧板桥"

归隐扬州之后的郑板桥，虽然名声比以前大多了，但其率真之性并没有改变，对朋友，直心道肠；对世俗伪君子，亦给予无情的揭露。清人黄协埙在《锄经书舍零墨》卷四《图章》中说："兴化郑板桥未第时，薄俗扬州，人无识者。既贵复来，则持金帛乞书画者，户外履恒满。因自镌一印曰：'二十年前旧板桥'。""此皆游戏之中，寓感愤之意者也。"黄氏的解释是颇中肯綮。六十六岁那年，板桥创作《兰竹石画册》，其中"竹"幅，便钤上"二十年前旧板桥"印章，向朋友表明，现在的板桥还是往昔那样,豪情未变,斗志未衰,向世俗宣示:今日板桥虽无权势,亦不富有,但绝不向富贵低头。尔等扬州薄俗小人,当初为何那等小觑板桥作品,而今板桥还没变呢,只是二十年前旧板桥,何前倨而后恭?

在六十七岁那年,板桥又做出令当时士子颇感震动之举,为自己的书画自定"润格":

> 大幅六两,中幅四两,小幅二两,书条、对联一两,扇子、斗方五钱。凡送礼物食物,总不如白银为妙;公之所送,未必弟之所好也。送现银则中心喜乐,书画皆佳。礼物既属纠缠,赊欠尤为赖账。年老神倦,亦不能陪诸君子作无益语言也。

板桥公开为自己的作品标价,实乃艺术家肯定自己劳动价值的创举。这既是扬州的商业氛围逼迫出来的艺术家的自我意识,也是对当时所谓的口不言钱,而心实贪之的"伪君子"的有力讽刺。清人叶廷琯称板桥此举可以辨别雅俗真伪:"字画索润,古人所有,板桥笔榜小卷,盖自书书画润笔例也。""此老风趣可掬,视彼卖技假名士,偶逢旧友,貌为口不言钱,而实故靳以要厚酬者,其雅俗真伪,何如乎!"

三、"梦里繁华费扫除" ——板桥的情爱生活

探讨板桥的情爱生活,对于全面把握郑板桥的内心情感世界是大有裨益的。无论是在青年时期,还是在落拓扬州之际,板桥都曾有过与异性相恋相怜的经历。年轻时的郑板桥,是有过自己的意中人的。他与同邑的徐氏结婚,也许只是服从父命而已。他心中的真正恋人,或是后来在词中所回忆的王一姐,或是没有名姓的"中表姻亲"。而他中年在扬州落拓之际的"红粉知己",亦是板桥情爱生活的重要部分。

词《赠王一姐》篇,细腻、含蓄地表达了板桥与王一姐之间的青梅竹马之情以及板桥对这段真情丧失后的强烈失望感。词的上半阕回忆当初的"两小无猜"的亲密感情:

>竹马相过日,还记汝云鬟覆颈,胭脂点额。阿母扶携翁负背,幻作儿郎妆饰,小则小寸心怜惜。放学归来犹未晚,向红楼存问消息,问我索,画眉笔。

然而,过了二十年之后,儿时可爱的王一姐现在变成了富人家的少奶奶,而板桥自己也是有家有室之人了,两人各有所归。偶然机遇,他们相见了,相见的地点正是王一姐现居的深庭大院。现在的王一姐虽还记得当年的青梅竹马纯情,但其一举一动却丧失了往日的纯真,两人之间好像有一道无形的屏障。王对板

桥的昔日"温情"虽存,但她自己的昔日"真情"已失,敏感的诗人不禁感到莫名的失望,平添许多惆怅。词的下半阕写道:

> 廿年湖海长为客,都付与风吹梦杳,雨荒云隔。今日重逢深院里,一种温存犹似昔,添多少周旋形迹!回首当年娇小态,但片言微忤容颜赤,只此意,最难得。

在经历了人间的磨难和世态炎凉之后,板桥更加看重人间的真情。他需要的是人与人之间的心灵敞开,而不是为了礼节的虚与委蛇。只一句"添多少周旋形迹",便表达了诗人对王一姐无限失望,在诗人心中,只有当初"片言微忤容颜赤"的王一姐才更为可爱。

词《踏莎行·无题》一首,则含蓄地披露了板桥与一位不知名姓的中表姻亲姑娘的恋爱情感。这位姑娘可能就是其舅氏的女儿。从词的内容来看,这位姑娘颇通文墨,是板桥年轻时异性的诗文朋友兼恋人。不知是舅氏一方的干涉,还是父亲一方的阻挡,板桥未能与这位知心人结成伉俪,只留下了永难销蚀的"颠倒思量"。"中表姻亲,诗文情愫,十年幼小娇相护。不须燕子引人行,画堂得到重重户。颠倒思量,朦胧劫数,藕丝不断莲心苦。分明一见怕销魂,却愁不到销魂处。"相恋的情人,因礼教大防的阻隔不能相见,不敢相见,想见又无法相见。意中人本在咫尺,却犹若天涯,其苦其悲,何能言说!

根据板桥本人在《自叙》中称:"板桥文学性分,得外家气居多。"又称其外祖父"奇才博学",则这位"中表姻亲"当是其舅氏家的姑娘。板桥之所以未能与这位"中表姻亲"结成连理,大约与青年时郑板桥的种种缺陷有关。《板桥自叙》称自己"虽长大,貌寝陋,人咸易之。又好大言,自负太过,漫骂无择。诸先辈皆侧目,戒勿与往来"。像这样一个狂放不羁又其貌不扬的青年,舅氏家不愿意将女儿嫁给板桥,亦是世俗社会中的人之常情。

词《酷相思·本意》篇,大约亦是抒发他与这位"中表姻亲"不能相见的痛苦感情:"杏花深院红如许,一线画墙拦住。叹人间咫尺千山路,不见也相思苦,便见也相思苦。分明背地情千缕,恼从教诉。奈花间乍遇言辞阻,半句也何曾吐,一字也何曾吐!"相爱之人不能当面倾诉相互之间爱慕之情,其悲其苦,只有身处其境之人方能体会个中滋味。

青壮年在泰州、扬州落拓之际,板桥与一些"红粉知己"之间的相怜相惜之情,亦是他情爱生活的重要部分。词《有赠》[1]和《柳梢青·有赠》两篇,便是追忆昔日在泰州、扬州时与"红粉知己"的相怜相爱之情,第一首赠词云:"旧作吴陵客,镇日向小西湖上,临流弄石。雨洗梨花风欲软,已逗蝶蜂消息,却又被春寒微勒,殷情款惜。一夜尊前知己泪,背着短檠偷滴,又互

---

[1] 此词大约作于雍正元年,该年春,板桥第一次游海陵。词中"吴陵"即海陵。泰州在春秋时属于吴地。唐武德三年称吴陵,七年后又改为海陵。

把罗衫湿。相约明年春事早，嚼花心红蕊相思汁，共染得，肝肠赤。"第二首赠词云："韵远情亲，眉梢有话，舌底生春。把酒相偎，劝还复劝，温又重温。柳条江上鲜新，有何限莺儿唤人。莺自多情，燕还多态，我只卿卿。"落魄文人，风尘女子，皆是当时社会之下流，受人欺凌。他们同病相怜，以心相许，相濡以沫于人生的苦海之中，聊使青春生命暂获点滴的生趣。

中国传统士人，在未入仕途之前，学问未售与帝王家之时，其遭遇颇似沦落风尘的女子。这些士子与风尘女子相怜相爱，实是惺惺相惜。一些色艺双全的风尘女子不仅满足了长期客居在外士子的生理需要，还能在士子们不遇之时给他们以精神和心灵上的慰藉。第二首《有赠》中的女子，在板桥还处于人生的低谷之时，给他温存，给他同情，给了板桥继续努力向上的精神动力。这在传统的"从命婚姻"框架里，恰恰也是对无爱夫妻生活的补偿。在板桥《集外集》中，保留了四首悼亡妓的近体诗，说明了他在扬州生活的时候，与一些风尘女子有较深的感情。仅以《悼亡妓》三、四两首为例，即可窥见当年落拓扬州的郑板桥，是如何从风尘女子身上汲取精神动力的。风尘女子对他充满了信赖，矢志等待他的成名，这对孤身奋斗的郑板桥来说是莫大的安慰。《悼亡妓》之三写道：

楼头别语太凄清，乍忆长生七夕盟。
绝代可怜人早死，十年未见我成名。
春云浅土埋苏小，残月香词唱柳卿。

> 安得并骖瑶岛鹤，荒烟吹破缑岭笙。

这位柳卿，大约是板桥初来扬州时就结识的。她痴痴等板桥成名等了十年，未见板桥成名，自己就不幸早亡。十年之后成名的板桥无法忘怀这位痴情的风尘女子，他只能借问苍天："安得并骖瑶岛鹤？"与昔日的订盟情人在荒烟绝径之处，吹破缑岭之笙，以抒十年来的压抑，共庆十年后的成功。

《悼亡妓诗》之四写的大约是同一个人。诗人短歌和泪，哭悼亡妓，人间地府，遥遥呼喊，柳卿啊，你在九泉之下，能否知道你心中的萧郎——板桥来此哭奠呢？

> 西泠春水漾晴沙，桥上黄昏数暮鸦。
> 榆树洲边新鬼火，桃花门里旧儿家。
> 玉鱼葬合肌犹暖，环佩魂归月已斜。
> 知否萧郎曾到此，短歌和泪泣琵琶。

在板桥所结识的歌妓当中，招歌是其中颇为特别的一位。她在板桥的心中占有重要的地位，直到板桥为官山东时，还寄钱给招歌买粉。诗《寄招歌》云：

> 十五婷婷娇可怜，怜渠尚少四三年。
> 宦囊萧瑟音书薄，略寄招歌买粉钱。

板桥如此深惬招歌，与招歌较早辨识板桥的文学才能有关。还在板桥落拓之时，招歌就唱起了板桥的《道情十首》，这在板桥还未出名之时对传播其文名是大有好处的。士感知己，乃传统士人的美德。只是板桥的知己不是达官贵人，而是一风尘女子而已。

扬州期间与风尘女子交往的生活经历，在板桥的心灵中留下了极深的印象。这里不仅有知己的安慰，也有人性的自由畅达。四十岁那年，板桥应试南京，趁机游杭州西湖，勾起了对昔日扬州春游情景的回忆。词《西湖夜月有怀扬州旧游》篇，便回忆了当初在扬州与风尘女子共乐的情景。当年扬州春游的场面是"马上提壶，沙边奏曲"，风尘女子与落魄文人无非都是"为青春不再"而"著意萧疏"。只是今日孤单一人，无法与当年相比。然"梦里繁华费扫除"，"更红楼夜宴，千条绛蜡；彩船春泛，四座名姝。醉后高歌，狂来痛哭，我辈多情有是夫!"今日的人性萎缩，与当日的人性畅达，高歌痛哭任自如，形成了鲜明对照，更映衬出往昔的可爱，今朝的可叹。

在扬州之时，板桥还有过类似"唐伯虎点秋香"的经历。他看上了一个为人作奴的年轻漂亮的女子，又无法将她赎出，只好作词抒怀，暗地祝愿她能逃脱魔掌，得遇佳士。词《玉女摇仙佩·有所感》篇便表达了这一相思不得之苦：

绿杨深巷，人倚朱门，不是寻常模样。旋浣春衫，薄梳云鬓，韵致十分娟朗。

向芳邻潜访，说自小青衣，人家厮养。又没个怜香惜媚，落在煮鹤烧琴魔障。顿惹起闲愁，代她出脱千思万想。究竟人谋空费，天意从来，不许名花擅长。屈子千秋，青袍红粉，多少飘零肮脏。且休论已往，试看予十载酾瓶斋盎。凭寄语雪中兰蕙，春将不远，人间留得娇无恙，明珠未必终尘壤。

从板桥的这些情爱之诗可以看出，板桥一生是有过多次恋爱经历的。在《后刻诗序》中，他说自己的诗多"慕颜色"之作，在词的《自序》中说"少年游冶学秦柳"，诗作中"慕颜色"之作很少见，只有词作中有一些抒发相恋之作，但现存的艳情词却不像是少年之作。为官之后的郑板桥在刊刻自己的作品时，删除了许多抒发个人恋情的作品，其绝代风流的形象只有用想象去补充了。

在现存的板桥文字中，只有《板桥偶记》一文比较生动详细地记叙了板桥与饶氏相爱的浪漫经过。在扬州二月的花季，一日清晨，板桥来到城外十里远的一个地方："树木丛茂，居民渐少，遥望文杏一株，在围墙竹树之间。"见一民舍，板桥叩门径入，有一老媪在家，捧出一瓯茶水。板桥见老媪的墙壁之上贴有自己创作的一首词，便问老媪认识词的作者否，老媪说不识其人，但知其名。板桥便自我介绍，老媪大喜，即唤出自己的女儿与板桥相见。此女即后来的饶氏，她在家排行第五，故又称五姑娘。这位五姑娘是板桥词的爱好者，且心中早已爱上板桥。而老媪得知板桥新失佳偶，又为自己养老计，亦愿将此女送与板桥为妾。板桥便与她们母女俩订约，等他考中进士，定来迎接，并以所作之词为订礼。饶氏母女应允。三年之中，饶氏母女曾一度贫困至极，"花钿服饰，折卖略尽。宅边有小园五亩，亦售人"。而正当此极贫之时，又有一富贾愿出七百两银子纳五姑娘为妾，其母几为厚礼所动。五姑娘劝其母说道："已与郑公约，背之不义。七百两亦有了时耳。不过一年，彼必归，请待之。"吉人自有天相。饶氏母女正在困窘之时，幸得江西大商人程羽宸的资助，得渡难关。

程氏之所以帮助饶氏，是因为他在真州时看上了板桥创作的一副对联①，然后向人打听板桥其人。在打听板桥的过程中，得知板桥与饶氏相约之事，并知饶氏目前的困难，故先出五百金作为板桥聘资授予饶氏，以解饶氏母女的燃眉之急。后板桥果然高中进士，程氏又送五百金作为板桥纳娶五姑娘之费。这样一段美好姻缘，就在程氏的协助下完满地结合了。后来板桥作诗以记其事："世人开口易千金，毕竟千金结客心。自遇西江程子䕫，扫开寒雾到如今。"

在板桥的诗词作品中，大约有几首是写饶氏的。《怀扬州旧居》一诗大约是写他与饶氏在扬州时的一段幸福生活："楼上佳

---

① 《板桥偶记》云："程羽宸在真州茶肆里，见一对联云：'山光扑面因朝雨，江水回头为晚潮。'傍写'板桥郑燮题'。甚惊异，问何人，茶肆主人曰：'但至扬州，问人便知一切'"。程为诗人，因此妙联而识板桥，后为板桥至交。

人架上书，烛火微冷月来初。偷开绣帐看云鬓，擘断牙签拂蠹鱼。谢傅青山为院落，隋家芳草入园疏。思乡怀古兼伤暮，江雨江花尔自如。"该诗大约作于板桥在潍县做宰的岁月里。现实官场对诗人自由本性的约束，使他不禁回忆当初在扬州时相对自由的生活，而年华的流逝，自然的永恒，更使得当年短暂的幸福生活弥足珍贵。词《虞美人·无题》篇，则是写他与饶氏在一起情趣相谐的生活及感受："盈盈十五人儿小，惯是将人恼。撩他花下去围棋，故意推他敌让他欺。而今春去花枝老，别馆斜阳早。还将旧态作娇痴，也要数番怜惜忆当时。"诗人回忆当初饶氏年少时的娇爱之态，再看眼前的年岁虽老而心仍年少的饶氏，更觉得另有一番怜爱之意。在封建等级制度下，饶氏虽处妾位，但她在板桥的心目中十分重要。饶氏聪明、娇怜，为板桥的私人生活增添了不少乐趣。在现存的文字资料中，板桥对续娶的第二房郭氏夫人就没有什么动情的描述，有的只是在家书中的一大段颇费精神的劝说。由此可以看出板桥与郭氏之间缺乏真正的感情。

不应否认，板桥与妓女的关系，亦有封建士大夫纵情声色的一面。这一点，板桥自己亦承认。在《板桥自叙》中，他说自己"酷爱山水。又好色，尤多余桃口齿，及椒风[①]弄儿之戏"。然而，板桥敢于公开地承认，这又是他与假道学之徒的不同之处。

颇需辨析的是：板桥中年在扬州与风尘女子的相恋相怜，与

[①] 椒风：本是汉代宫阁之名，后泛指皇帝嫔妃居住之地。板桥指处即借指官妓所居之地。

他为官山东时狎妓,颇有区别。中年落拓扬州时与风尘女子的相怜相恋,更主要的是寻求一种精神与心灵的安慰;晚年狎妓,主要是排遣心中的苦闷,同时也是板桥身上存有名士恶习的具体表现。同是与妓纵情歌酒,其行为的前后性质并不相同。前者包含人情之美,后者则暴露了人欲之丑。板桥自己虽说"未尝为所迷惑",而且不许这些官妓们"干与外政",但这只是为自己的声色之欲辩护而已。历史地来看,板桥狎妓固然是一种恶习,是传统士人局限性的表现之一。但从时代的环境来看,也未尝不是当时士人心灵空虚、苦闷的一种表现。他们无法找到精神的出路,只好将自己的精力寄托于声色之间。百年之后的龚自珍,在《京师乐籍说》的奇文中曾揭露封建政府利用妓女来消磨士人的意志,使他们无暇顾及国家大事,以便于统治者更好地窃取民利。文章虽是批判封建专制的政治阴谋,但从另一个侧面也揭示了士人狎妓的社会历史原因,帮助我们同情地理解古人,而不是一味地苛求古人。

第四章 石涛、扬州画派与郑板桥

郑板桥的出现，绝不是偶然的。他的思想和性格与前辈、同辈知识分子有内在的血脉关系。板桥既是传统中的新派、异端思想的继承者，又是他自己所处时代新思想的佼佼者。

一、八大山人与苦瓜和尚

以清代明的历史震荡，对汉民族的士人，对明室的后裔，特别是其中的士人来说，其心灵的震撼是十分强烈的。反清思想在康熙朝前期基本上没有中断过。思想界有顾、黄、王三大家，美术界则有明室后裔八大山人和前期的苦瓜和尚。八大山人，原名朱耷，明室后裔。他出于强烈的反清意识，在绘画中表达了一种"似哭似笑"的亡国之情。其思想摆脱了正统画派的影响，专以抒情为主，又夹杂佛、道的宗教气息，带有狂放不羁的气态。其少数山水画，表达了一种峥嵘、孤耸的气势，而花鸟画则表现出清高、傲立的磊落之势。《安晚帖之一》，两花挺秀，枝蔓极少；《安晚帖之二》，一鸟独栖崖石之上，低头若睡，傲然自在；《安晚帖之三》，一只鳜鱼张开嘴巴，在空无一物的水中，像在寻觅什么似的向前疾游；《安晚帖之四》，则是一秆断荷之上，挺立一鸟；《荷花水鸟图》，则是一鸟独立，一花独秀。这种反反复复出现的独立、孤傲的情怀，显然是画家不与清廷合作的反抗意识的流露。而这种与亡国之思相联系的独立意识，对板桥有直接的影响。在板桥《题屈翁山诗札，石涛、石溪、八大山人山水小幅并白丁墨兰共一卷》诗中，板桥对这种亡国之思做了同情理解："破家亡国鬓总皤，一囊诗画作头陀。横涂竖抹千千幅，墨点无多泪点多。"当然，生于康熙三十二年（1693 年）的郑板桥不会有八大山人、石涛的亡国之思。然板桥却从他们那里汲取了独立的品格和独辟蹊径的艺术创作灵感、不同流俗的个体意识。政治上的独立品格与板桥在商业氛围很浓的扬州所需要的艺术独立面目，有着某种情感结构上的沟通——那就是"个性"和"自家面目"。

从绘画技巧和绘画理论上来说，石涛对板桥的影响可能要大于八大山人。石涛，原名朱若极，其别名极多，如清湘老人、清湘陈人、粤山石涛等等。石涛童年之时，父亲因南明王朝的政治斗争而被杀害，作为明室的后裔，石涛对南明王朝的痛恨甚至更甚于清王朝。但作为朱氏的后裔,他不能不痛恨清王朝。但相对于八大山人来说,石涛对清王朝的感情可能更复杂些。中年以后的石涛接受康熙的召见,与他特殊的个人经历不无关系。就石涛《画语录》与《画谱》的比较来看,他后期的著作就表现出比较平缓的思想倾向,但其在艺术上追求个性的基本精神并没有中断。石涛在扬州待了十年,对"扬州画派"的影响是极其深刻的。"扬州画派"的高翔就直接师法过石涛,并与石涛结下了深厚的友谊。石涛去世后,高翔每年清明都去祭扫石涛之墓,直至高翔去世。李鱓因在扬州看到了石涛的绘画,艺术风格为之一变,"因作破笔泼墨,画益奇"。汪士慎的绘画亦曾受到石涛的影响。而板桥在绘画题识中也多次提到石涛对他的影响。

为什么石涛没有走上"四王"的复古道路?这与他的人生经历有关。首先,他没有"四王"的稳定生活基础,不可能有较优雅的艺术创作环境;其次,他没有"四王"的宁静心情,国破家亡的复杂心理,使得他心中有一种说不出的情感冲动要表达出来,他要借艺术来排泄心中的郁闷;第三,他没有什么可以凭借的人生资本,只有以技艺来获得社会的认可,晚年的石涛亦需通过绘画来维持生计。凡此种种,艺术便与他的生命紧密地联系在一起。如果说,在八大山人那里,艺术仅是抒发故国之思、独立品格的工具,那么在石涛那里,艺术便成为他个人的生命。个性化的艺术,便是个性化的石涛,反之亦然。若不是这样的话,石涛或者拜倒在权势的脚下,或者死于苏、米、黄、倪等人的盛名之下,而这两者都非石涛所愿。因此,在绘画理论方面,他提出了"笔墨当随时代,犹诗文随风气而转"的艺术变迁思想。他要"恼杀米芾",在非荆非关、非董非巨①的艺术创新中,求得自己的绘画风格,确立自己的艺术面貌,获得自己的独立人格。

石涛不仅有自己的艺术创作实践,亦有自己的艺术创作理论。他的理论专著《苦瓜和尚画语录》,以高度凝练的理论思维对绘画的个性原则做了论述,提出了"一画论"。"一画论"有两个基本的命题:一是描摹现实,即"夫画者,形天地万物者也";二是表达艺术家本人的思想、感情,"夫画者,从于心者也"。这一创作纲领,提示了绘画艺术与生活原型和艺术创作主体的关系。从观念、意识反映现实的角度看,绘画艺术要以天地万物为对象;从艺术的表情达意角度看,艺术要展示艺术家个人的内心情感。历来对"一画"的解释很多②,但我认为都未能完整地将

---

① 荆、关、董、巨,分别指荆浩、关同、董源、巨然,他们皆是五代时著名的山水画家,对宋以后的山水画影响极大。

② 黄兰波认为:"'一画',便是一根造型底线。"(《石涛画语录译解》,人民美术出版社1963年版) 李万才认为,一画,"具体地说,就是用于艺术造型的一根线条"。(《石涛》,吉林美术出版社1996年版) 伍蠡甫先生认为:"'一画'和'一画之法'是用来概括山水画中借物写心,物我为一,心手两忘这么一个创作过程,同时生动地描绘出在这过程中山水画家摄取物象、塑造典型,托出自我这样一种高度的艺术本领。"(《中国画论研究》,北京大学出版社1983年版) 吴冠中先生认为:"这一画之法,实质是说:务必从自己的独特感受出发,创造能表达这种独特感受的画法,简言之,一画之法即表达自己感受之法。"(《我读石涛画语录》,《中国文化》第十二期,1997年) 我认为伍蠡甫先生与吴冠中先生的解释更得石涛"一画"论之精义。

其中的精义解释清楚。在我看来,所谓"一画",即是艺术家在创作过程中统摄万象,表达自己独特的情感的综合创造能力。"一画之法",就是运用这一个性化的原则去从事艺术创作的基本纲领。石涛在表达这一创作理论时,用了带有道家神秘色彩的语言,夸大了"一画"的作用:"一画者,众有之本,万象之根;见用于神,藏用于人,而世人不知所以。"又说,"一画之法,乃自我立。"但是,他在具体地解释"一画"的原理时,还是清楚的。他说:"行远登高,悉起肤寸。此一画,收尽洪濛之外,即亿万万之笔墨,未有不始于此,而不终于此,惟听人之握取之耳。"这即是说,艺术创作的冲动、灵感,皆从个体的身感肤受而产生。人的主观创作意识,可以上与古通,远与四海山川草木万物相通,然后通过艺术家的一笔一墨表现出来。这实际上与陆机《文赋》在谈论文学创作时的道理相似。陆机说:"精骛八极,心游万仞。"或"伫中区以玄览,颐情志于典坟",长期地观察万物,精研典籍,获得创作的现实感、历史感;或"遵四时以叹逝,瞻万物而思纷,悲落叶于劲秋,喜柔条于芳春",触景生情,即兴挥毫。要而言之,艺术创作,必须是艺术家对自然山川之美,人类文化历史精华的感悟,通过特殊的审美形象表达出来。

石涛的"一画"理论,虽然极力强调"夫画者,从于心者也",但石涛绝对不是说艺术家在创作时完全凭空构造,不与鸟兽草木性情相关,不与池榭楼台的矩度相合。恰恰相反,石涛十分强调艺术创作要深入物理,曲尽其态,"未能深入其理,曲尽其态,终未得一画之洪规也"。这就杜绝了拟古者"闭门造画"

的可能性，使艺术在反映现实与表达艺术家个性的关系问题上，获得了比较圆满的解释，避免了清初画坛拟古派既丧失艺术创作的个性，又缺乏现实内容的双重缺陷。石涛的"一画"理论，从山水花鸟画的美术角度，继承了中国历史上现实主义的传统与文人画的表意传统，并使二者在山水花鸟画的领域初步得到了统一。而且，这一要求"曲尽其态"的"求真"思想，与当时思想界"求真"的科学精神，亦有相通之处。联系清初的诗论，我们更可以清楚地看到石涛理论的时代性特征。清初大哲学家王夫之在论诗时亦说，诗要"内极才情，外周物理"。诗人、清初诗歌理论的总结者叶燮，在《原诗》中更详细地论述了艺术创作主体与外在客观对象的辩证关系。他认为，诗人要凭借自己的"才、胆、识、力"，去衡"在物之三——理、事、情"。就创作主体而言，"识"是最为重要的。"夫人以著作自命，将进退古人，次第前哲，必具有只眼而后泰然有自居之地。""惟有识，则是非明；是非明，则取舍定。不但不随世人脚跟，并亦不随古人脚跟。非薄古人为不足学也，盖天地有自然之文章，随我之所触而发宣之，必有克肖其自然者，为至文以立极。我之命意发言，自当求其至极者。"（《原诗·内篇下》）这种强调"只眼"，强调艺术家主观之思与外在客观对象的结合，同时又不鄙薄古人的辩证艺术创作论，实是清初艺术家、理论家对晚明"个性化"理论的深化与发展。后来，板桥又继承了这一重视写实与个性相结合的美学传统，再加上板桥本人的特殊的人生经历，使得这一写实的思想传统在学术、诗歌、绘画、书法等方面，皆有新的发展，不仅要

"自树其帜""怒不同人""自竖脊骨",亦要描摹物态,描摹民情细琐,使艺术内容更具有现实感。

石涛在确立了"一画论"的基本创作原则之后,又分别论述了"变化""尊受"等问题。"变化",即是讲"法与无法"的辩证关系;"尊受",即是讲重视现实中获得艺术创作灵感的问题。在《了法》篇,石涛说道:"规矩者,方圆之极则也。"而天地,则是活的规矩——"天地者,规矩之运行也"。这即是讲,圆规和尺子,是衡量方圆的最高标准,但不能死守规矩,要明白"乾旋坤转之义",方不为"法"所束缚。就具体的绘画艺术而言,"法自画生",没有一成不变的死"法"。所有从具体的绘画创作中产生的具体的技法、程式,都不能作为一种障碍,一种妨碍其他人或自己在其他场所的创作的"紧箍咒"。这亦是后来板桥所进一步阐述的自由创作原则:"未画之前,不立一格","既画之后,不留一格"。在具体的创作活动中,所有的"法障",无论是古人的、今人的,乃至于自己的,统统都要扫除,使艺术创作真正成为自由个性的表达工具,成为自由的创造活动。这样,"山川形势之精英也,古今造物之陶冶也,阴阳气度之流行也,借笔墨以写天地万物而陶泳乎我也"。"我之为我,自有我在。古之须眉不能生我之面目,古之肺腑不能入我之腹肠。我自发我之肺腑,揭我之须眉。"艺术创作的原则是抒发作者自己的个性,古人不能代替我,山川万物之情,亦须借我的笔墨来表达,这时的山川已不是客观存在的山川,而是艺术家经过审美过滤后的艺术化了的山川。

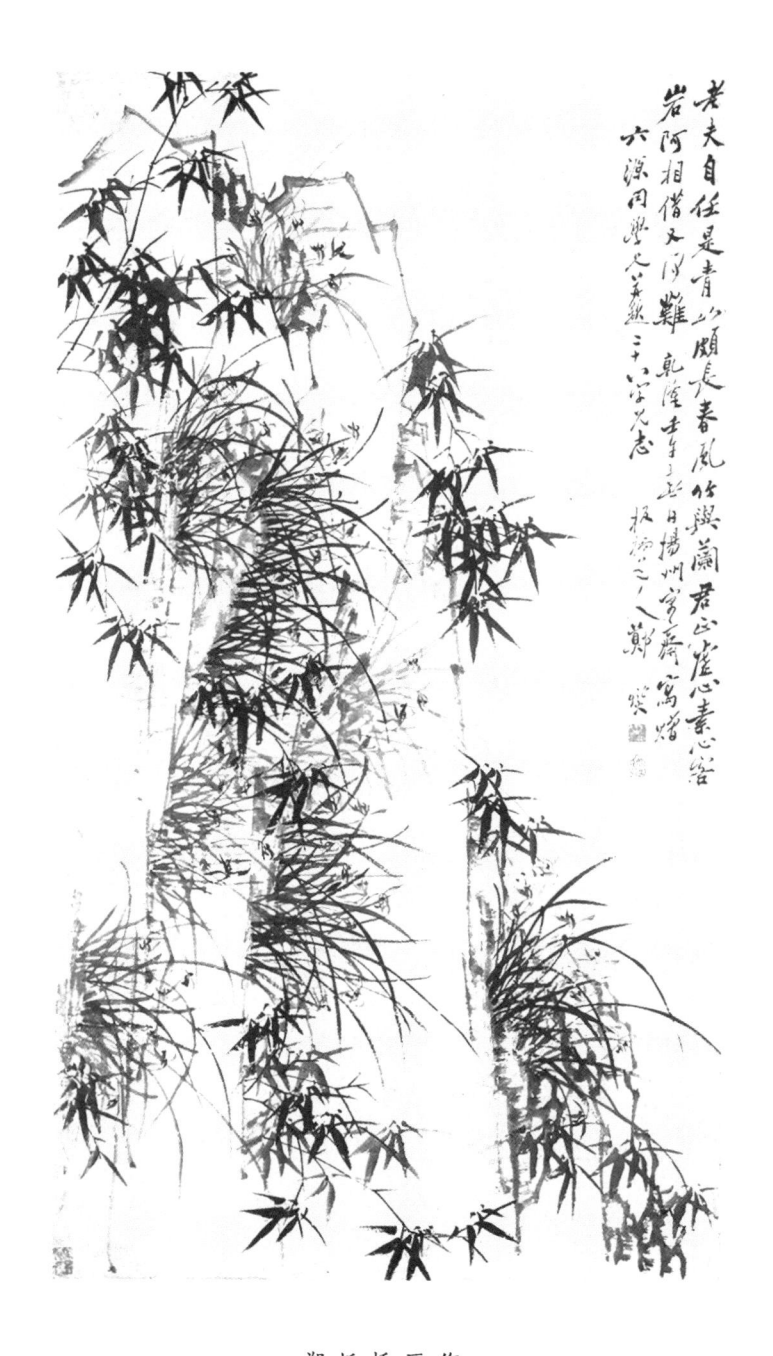

郑板桥画作

"尊受"，广义地说来，即要尊重客观对象和社会事实对自己的启迪。换句话说，即要使自己的创作灵感从真实的感受中来，而不是得之于古人、他人，拾人之牙慧。这就把"个性化"与真实感、现实感联系起来了。"尊受"既是尊重主体的真情实感，又是尊重生活，尊重创作对象，是主客体交融的必要原则。就山水画而言，"尊受"即是明白"山川万物之具体"的样子。"山川万物之具体，有反有正，有偏有侧，有聚有散，有近有远，有内有外，有虚有实，有断有连，有层次，有剥落，有丰致，有飘渺，此生活之大端也。"山川万物所具有的丰富的个性化特征，必然要求从事艺术创作的主体之"我"展示出这些形象的个性特征和形象中蕴含的丰富内容。人为万物之灵，就不应辜负山川万物之荐举，而应该"一一画其灵而足其神！"石涛在《笔墨》章谆谆告诫画家，不要辜负了山川的期望，要充分展示山川万物之神之灵。石涛说："故山川万物之荐灵于人，因人操此蒙养生活之权；苟非其然，焉能使笔墨之下，有胎有骨，有开有合，有体有用，有形有势，有拱有立，有蹲有跳，有潜伏，有冲霄，有崱屴，有磅礴，有嵯峨，有巉岏，有奇峭，有险峻，一一画其灵而足其神！"

石涛的"一画"论，显然带有泛神论的色彩。这一"泛神论"思想出现在明清之际，与这一历史时期早期启蒙思想密切相关。伴随着南部中国商品经济的发展，城市工商业阶层的兴起，突破传统等级制度，要求个性解放的意识在先觉的士人心灵中首先萌发，形成一股潜流在市民中流动。在文学领域，有歌颂青年男女自由恋爱，同情下层民众，描绘下层民众美德的作品。那种"大人理想"，圣贤品格，只有少数人能做到的德行之尊，经过"王学左派"的创造性阐述，变成了"满街皆是圣人"的"泛圣论"。从学术的角度说，这种"泛圣论"当然亦造成狂放蹈虚的不良风气；但从思想解放角度来说，又有个性解放的意义。商业社会"崇新"、"尚奇"与崇尚个性，总是紧密地联系在一起的。石涛说，"搜尽奇峰打草稿"，就是要使自己的艺术创作以新奇取胜。而这种"奇"又是从真实生活中挖掘出来的，不是从故纸堆里找到的，故而有极强的现实感、时代感，与复古主义在故纸堆中"猎奇"大相径庭。石涛"一画论"中所包含的个性化要求，实质上是进步人类追求自由的理想在山水画创作理论领域的集中表达。在《苦瓜和尚画语录》中，有大量文字阐释山川万物之神之灵，这一方面表明了大艺术家石涛对生活观察细致入微，有深刻的生活感受；另一方面亦表明，石涛要借山川草木、花鸟土石之神之灵来展示人类之神之灵，最终要凸显人"参天地之化育"的主动创造精神。故石涛说："山川使余代山川而言也。山川脱胎于余也，余脱胎于山川也。搜尽奇峰打草稿也。山川与余神遇而迹化，所以终归之于大涤子也。"石涛之后郑板桥，亦借竹石、幽兰来抒发自己的个人思想感情，在基本思路上，板桥与石涛是一致的。板桥说："介于石，臭如兰，坚多节，皆《易》之理也，君子以之。"板桥一生的精神、品格，正可以通过竹石、幽兰来认识。

可以这样说，石涛的出现，为"扬州画派"的登场扫清了道路。他在山水画方面的大胆创新，为"扬州画派"的个性化艺术创作从理论和实践两个方面做了充分的准备，在清初复古主义占主流的时代氛围里，为艺术的创新独辟了一块天地。

二、"扬州画派"与板桥

在传统的绘画领域，艺术流派往往是以一些特殊的艺术家的个人风格为主，然后有一批人追随其后，从而形成艺术流派，很少是以地域命名的。"扬州画派"则是以地域命名的。这一画派的出现，对当时以复古主义占主流的艺坛，产生了很大的冲击。这样一群活生生的艺术创作群体，之所以产生在扬州不产生在北京或其他地方，与扬州当时在政治、经济、文化三方面占特殊的社会位置，密切相关。

由于清政府在统治南方之初，在扬州地区遭到了史可法率领的明朝将士的顽强抵抗。清兵破城后对扬州进行了惨烈地屠城，连续十日，几乎使这座城市变成荒城。清政府稳定政局后，为了安抚江南民心与士心，对扬州地区的官员选拔特别重视。第一任扬州司理便是著名的文人周亮工。周在扬州十分重视安抚民心、礼贤下士。康熙二十六年，又派大戏剧家孔尚任来扬州负责司理运河工程。孔来扬州上任不久即举行"秘园雅集"，吸引了许多文人，其中著名的画家、文学家就有石涛、龚贤、查士标。当王士禛（渔洋）司理扬州之时，他"昼了公事，夜接词人"。三月三日，王士禛主持红桥修禊活动，盛况空前，远非昔日兰亭修禊所能比。到乾隆时，由著名的文学家卢见曾（号雅雨）任扬州盐运使，他亦曾多次主持"红桥修禊"活动。

扬州地处运河下游，滨江临海，是当时南部中国的经济中心。由于淮盐销路极好，扬州的盐业十分发达。当时，盐税收入占清政府赋税收入之半，而扬州的盐税占全国盐税之半，可谓是清政府的经济命脉所在。康熙、乾隆二帝多次南巡扬州，想镇压南方的反抗情绪，其南巡活动本身又促进了扬州城市建设的发展。全国各地大大小小的商人聚集扬州，刺激了扬州的文化发展。这些商人们为了改变自己的形象，提高自己的社会地位，大量地收养文人，收藏金石书画，附庸风雅。像当时的马氏兄弟，家有藏书七百七十六种之多，并有大量的明代以前的绘画、书法作品。马曰琯本人亦擅长作诗，园中文人，日日不断。金农、板桥皆是马氏馆中的座上客。其他商人亦是如此，无不延请文人以装饰门面。当时的扬州有"家中无字画，不是旧人家"的说法，这种文化氛围，极大地刺激了扬州书画艺术的发展。"扬州画派"的出现实有其历史的必然性。

"扬州画派"在当时并无此称谓，这是后人对聚集于扬州地区的不同性格、在画风上有相似之处的一批书画家的总称，其核心人物就是当时被称为"扬州八怪"的八个主要书画家。"怪"当然是相对于正统的绘画流派而言的，在当时是诬称。而所谓"八怪"，也只是概指而已，并非只有八人。据今人研究，大约有十几个画家，可以指实的有：金农、李鱓、汪士慎、李方膺、高翔、高凤翰、黄慎、郑燮、罗聘、闵贞、华岩、边寿民、陈撰、李葂、杨法等十五人。这十五人的绘画,就题材而言,多是梅兰石花鸟等;就表现方式而言,多以写意为主。他们大多是以卖画为生。他们的作品,颇受当时的大商人、收藏家,以及一般的中下层市民的喜爱,其绘画的审美趣味也颇受这些消费群体的影响,画面构图简单,主题突出,多有题识在画面上,以便于理解绘画的含义。当然,这些题识也正好驰骋艺术家的文学才能,更好地抒发作者的个人情思,使诗、书、画三者更为有机地融为一体。

在"扬州画派"中,大多数人都年长于板桥,只有罗聘、闵贞小于板桥。从具体的历史条件看,"扬州画派"活动的最鼎盛时期,当是板桥在世之前与比其年长者交往最密切的时期。在"扬州画派"中,与板桥交往最深,对板桥影响最大的几个人是:金农、李鱓、黄慎、李方膺、高凤翰、边寿民等人;而在"扬州画派"之前的文学家、思想家、艺术家中,陶渊明、杜甫、张载,苏轼、黄山谷、徐渭、八大山人、石涛等人对板桥的影响最大。

金农与板桥的交谊最为笃厚。板桥在潍县为官之时,听人说金农已经病死,板桥当即服缌麻,设灵位而大哭。后来友人沈上舍赴道山东,说金农未死,板桥便破涕改容,并千里致书金农表达自己的问候。为此,金农特赋诗致谢。后来,板桥辞官,金农又自为写真寄给板桥,由此可知金农与板桥的友谊不同寻常。从现存资料看,板桥与金农二人不仅相互评价各自的书画,直言不讳,而且在人生志向方面亦相互规劝。金农画竹时,想到板桥,认为自己画的竹子,与板桥同属一个流派,且都"见重于世人",他们二人皆"擅写疏篁瘦条,颇得萧爽之趣",然而,就风度而言,则自己所画之竹,比板桥要稍逊一筹。这既是谦虚,亦是事实。就目前所见的金农之竹而言,多以古拙取胜。在《冬心先生画竹记》中,金农对板桥的书法给予了高度的评价,认为板桥书法"狂草古籀,一字一笔,兼众妙之长",又说他与板桥"相亲相洽,若鸥鹭之在汀渚也",画竹之后,则说"恨板桥不见我也"。大有高山流水之情。

板桥对金农的绘画、诗词以及人生爱好,均有真挚地评价,有些评价非挚友而不能言。在《赠金农》诗中,板桥高度评价了金农的字与诗的艺术成就:"乱发团成字,深山凿出诗。不须论骨髓,谁得学其皮。"全诗大意是讲,金农的字与诗,对一般的人来说不要说得其骨髓,就连皮毛之相亦难学到。金农的"漆书",固非一般人所能学得;金农的诗才恐怕亦非一般人所可比拟。相传在一次盐商的聚会上,席间有人以古诗句"飞红"为联句,恰好传到某一文墨不通的商人面前,该商人苦思不得,胡诌了一句"柳絮飞来片片红",众人大哗。金农则不紧不慢地说,此乃元人平堂山诗,引用恰切。众人不信,要金农吟出全篇。金农当场吟出:"廿四桥边廿四风,凭栏犹忆旧江东。夕阳反照桃花渡,柳絮飞来片片红。"众人齐声叹服金农博洽。然而此诗乃金农当场杜撰。由此故事足见金农诗才敏捷。

金农博学多才,对古董颇精鉴定。在板桥《绝句二十一首·金司农》中,板桥将金农称之为紫髯碧眼的商胡:"九尺珊瑚照乘珠，紫髯碧眼聚商胡。银河若问支机石，还让中原老匹夫。"诗文在谐谑中表达了对金农鉴赏能力的肯定。但是，板桥对金农沉溺于古董之中的做法有点不满。这种不满不是背地里批评，而是公开地致书金农，以表达自己对此种行为的不同看法。在《与金农书》中，板桥说道："夏鼎商彝"，固然是世之稀宝，然《易象》《诗》《书》《春秋》《礼》《乐》，才是真正的上古大器。而真正该宝贵的乃是此等古器，并不是那些实物的古董。板桥认为，若是沉溺于实物的古董之中，就会有"玩物丧志"的危险。从今日的观点看，板桥的意见未必就是正确的。但板桥用积极用世的态度来规劝朋友，劝其不要一味地沉溺于商业的行为之中，要展示士人的用世精神，这其中的友情是可以看见的。

对于金农与自己相同的见解，板桥立即表示支持，并加以申发。金农写了一首《七夕诗》，大意是肯定牛郎、织女二人之情。板桥见诗后大加赞赏，并借此申述自己的重农思想，批评唐人对牛郎、织女的猥亵态度："赐示《七夕诗》，可谓词严义正，脱尽唐人窠臼，不似唐人作一派亵狎语也。夫织女乃衣之源，牵牛乃食之本。在天星为最贵。奈何作此不经之语乎！"并说，"我辈读书怀古，岂容随声附和乎！"要求在世俗的传说面前保持自己独立的思考姿态。

板桥对金农的怀才不遇深表同情。在为友人郭芸亭所作的《墨兰图》上，直接题上金农咏兰的两句诗："苦被春风勾引出，和葱和蒜卖街头。"并作引申道："盖伤时不遇，又不能决然自引去也。"金农曾应康熙的博学鸿词科，不中，故有此等牢骚之语。

板桥对金农不能决然归隐山林而在闹市中卖书画的人生行为深表理解，因为他自己亦是这样的人。"扬州画派"中的艺术家，大多是一些属于正统文人如班固所斥责的"露才扬己"一类的人物。他们不被正统的官方所接受，于是便在新兴市民阶层中去实现自己的价值。他们不是"怨而不怒"，而是嬉笑怒骂，并把这种不满之情倾泻在自己的诗、书、画的作品之中。既怨恨统治者将他们放逐在权力大门之外，又不满富豪大商以金钱来炫耀他们自己的生活的行为。板桥曾为金农作《墨兰图》轴并题云："写来兰叶并无花，写出花枝没叶遮。我辈何能构全局，也须合拢作生涯。"这幅题诗之画，既怨恨自己没钱，又暗含对富豪有钱而无文采的讥讽。金农见此诗，心中甚喜，立即赋诗，且更加突出士人的清高。"昨宵神女降云峰，折得花枝洒碧空。世上凡根与凡叶，岂能安顿在其中。"这一唱一和，生动地展示了金农与板桥的心心相印、同气相求的心灵共振一面。

在"扬州画派"中，李鱓（李复堂）与板桥的关系不同寻常。李既是板桥的同乡，又是板桥的好友，在性情上亦与板桥相似，敢于表达自己的喜乐之情："青春在眼童心热"。还在板桥未成名之前，李复堂已经是鼎鼎有名的人物了。他曾被康熙皇帝召进宫里，跟宫廷画师蒋廷锡学习。对于李复堂的这段经历，板桥曾作诗题画表示羡慕："最羡先生清贵客，宫袍南院四时红。"此题画诗乃作于雍正十二年（1734年）十月，时年板桥已经四十一岁，但还只是一个举人。其时，板桥出仕的念头十分强烈。在板桥的心目中，李鱓的人品、艺术成就皆值得推崇，尤其是人生际遇值得羡慕。若能像李鱓那样他也就心满意足了。后来，板桥在潍县做县令时，亦被乾隆皇帝召为御前"画史"，在泰山卧顶四十余日，终生引以为自豪，并刻有"乾隆敕封书画史"印章，显示了板桥庸俗的一面。在乾隆十四年（1749年）板桥所作的《自叙》中，他叙述了自己与李鱓的关系，并表达了自己对李鱓曾经有过的人生经历的羡慕："惟同邑李鱓复堂相友善。"当李鱓在"康熙朝名噪京师及江淮湖海，无不望慕以羡"之时，板桥自己方应童子试，乃为无名小卒。"后二十年，以诗词文字与之比并齐声。索画者，必曰复堂。索诗字文者，必曰板桥。且愧且幸，得与前贤埒也。"由此可知，板桥与李鱓之间是一种亦师亦友的关系。板桥之所以推崇李鱓，与李鱓的个性、人品极有关系。李鱓生性耿直，不善逢迎，曾两次革去科名。为官之时，亦曾遭贬。最后只好卖画扬州，以终天年。板桥《饮李复堂宅赋赠》诗，大体上勾勒了李鱓的身世、个性及其内心世界的痛苦："才雄颇为世所忌"，世人"口虽赞叹心不然"，往往在背后陷害他。在北京待了十年，很多人飞黄腾达，而李鱓却不被重用，"几遍花开上林树，十年不见京华春"，最终是"萧萧匹马离都市"。李鱓在无法排泄心中的苦闷之时，亦踏上了传统文人的老路，寄情于声色的感官刺激之中，在麻醉中寻求解脱："锦衣江上寻歌妓，声色荒淫二十年。"清人汪鋆在《扬州画苑录》中贬低"扬州画派"的影响，说他们的绘画"示崭新于一时，只盛行于百里"。然而板桥称赞李鱓的绘画作品的影响则是："丹青纵横三千里。"这里当然有夸张的成分，但板桥所指的影响范围与汪鋆不同，板桥所指当是对中下层的社会而言，非指对上流社会达官贵人的影响。

李鱓身世不幸，在权力的大网中曾两次犯忌，致使家产荡尽，妻子儿女遭殃；又得罪地方官吏，致使千亩水田反为官府的租税所累："两婴世网破其家，黄金散尽妻孥嬉。剥啄催租恼吏频，水田千亩翻为累。"这种人生遭遇本身，即可窥见李鱓为人正直的一面，在统治阶级内部属于被排挤的对象。其沦落卖画于江湖之中，"途穷卖画"，实是正直士人不得已的一种选择。在官场上失意的李鱓，在艺场上亦不得意。就绘画的技巧而言，李鱓的绘画绝对属于上乘之作。富贾大商之所以在这时不买他的绘画作品，是因为他没有了令人羡慕的社会身份，没有政治上的特权。在权钱结合的扬州，其艺术的消费市场是不健全的。富贾大商附庸风雅，既是在追求一种心理平衡，亦是要借与进士、七品县官的交往来抬高自己的身份，希冀凭借这一社会身份获得更多的经济好处。故李鱓在政治上失意之时，在画坛上亦失意：

途穷卖画画益贱，佣儿贾竖论非是。
昨画双松半未成，醉来怒裂澄心纸。

这与板桥早年未成名时的人生遭遇一模一样，只是时间上有先后而已。

尽管李鱓是板桥同邑的前辈师友，但板桥对李鱓绘画优缺点的评价，却是极其严肃、认真，不因为是师友关系而胡乱吹捧，体现了板桥为人真诚的一面。板桥自己曾作有一联："搔痒不着赞何益，入木三分骂亦精。"这副对联集中表达了板桥的艺术批评态度。在1760年题李鱓早年《花卉蔬果图》册中，板桥对李鱓的绘画艺术的发展、变化历史，做了极其重要的勾勒、评价："复堂之画凡三变：初从里中魏苍先生学山水，便尔明秀苍雄，过于所师；其后入都谒仁皇帝马前，天颜霁悦，令从南沙蒋廷锡学画，乃为作色花卉如生。""后经崎岖患难，入都是侍高司寇其佩，又在扬州见石涛和尚画，因作破笔泼墨，画益奇。初入都一变，再入都一变，变而愈上，盖规矩方圆尺度，颜色浅深离合，丝毫不乱，藏在其中，而外之挥洒脱落，皆妙谛也。""六十以外又一变，则散漫颓唐，无复筋骨，老可悲也。"板桥认为，老友复堂的真面目，乃存于少年和壮年之作中，而其老年衰笔及世上的赝笔，应该悉行销毁，"则复堂之真精神，真面目千古常新矣"。这种对朋友真诚、负责的态度，对艺术真诚的态度，正是传统士人中另一种精神——"文人相亲"的典型表现。亦是"扬州画派"与正统文人之间或挟持门户之见而相互攻击，或貌似为友而虚与委蛇的作风极不相同之处。"扬州画派"艺术家之间这种相互真挚而中肯的艺术批评，也正是"扬州画派"艺术生命力之所在。

李方膺，亦是板桥的好友之一。与李鱓相比，李方膺在官场上更为不顺。雍正八年，李方膺出任山东兰东县知县。因为抗拒上司垦荒的命令而得罪上司，被捕入狱。后来乾隆皇帝上台，认为垦荒扰民，惩办了垦荒官吏，李方膺因之获释，任安徽潜山县知县。他在宦海中沉浮了二十年之久，对世态炎凉感受颇深。

李方膺与板桥一样，对松竹石兰皆擅长，而晚年专攻梅花，盖与其人品相表里。就思想的倾向性而言，李方膺与板桥相似，在板桥自题《盆兰图》轴诗云："买块兰花要整根，神完力足长儿孙。莫嫌今岁花犹少，请看明年花满盆。"而李方膺自题《盆兰图》亦云："买块兰花要整根，神气完足长儿孙。莫嫌此日银芽少，只待来年发满盆。"诗的意思基本一样，只是个别句子稍有变动。板桥为李方膺所画的一幅墨竹题咏，可谓深得李画之中蕴含的诗意："一枝瘦影横窗前，昨夜东风雨太颠。不是傍人扶不起，须知酣醉欲成眠。"此一题咏，使李方膺的窗前斜横的墨竹精神及其蕴含的人生苦闷，跃然纸上。诗为题画而作，然诗又使画面增添画外韵味，可谓相得益彰。板桥曾题李方膺的《墨竹》册云："东坡、与可畏之。"苏东坡、文与可，均是北宋中期画墨竹的圣手，板桥将李方膺与此二人相提并论，虽不无夸张之处，然亦可见板桥对他的推崇。

李方膺是画梅的专家，而且特别喜欢画直枝梅，以表现画家耿直的个性。板桥对李的画梅艺术成就做了极高的评价。乾隆二十年初夏，李方膺作《墨梅图》，板桥为图册题字云："梅花，举世所不为，更不得好。……晴江李四哥独为于世不为之时，以难见奇，以孤见实，故其画梅，为天下先。日则凝视，夜则构思，身忘于衣，口忘于味，然后领梅之神，达梅之性，把梅之韵，吐梅之情，梅亦俯首就范，入其剪裁刻划之中而不能出。……愚来通州，得睹此卷，精神浚发，兴致淋漓，此卷新枝古干，夹杂飞舞,令人莫得其起落。吾欲坐卧其下,作十日工课而后去耳。"此段题咏,对李方膺所画梅花的艺术成就,可谓推崇备至。没有艺术家平时的深厚相处,绝无此等题跋文字。

板桥、李鱓、李方膺三人,在人生的经历上颇有相似之处。他们都曾一度为官,而又都在官场上混得极不得意,或因得罪上司而入狱,或因直率而遭人忌恨,被同僚排挤,故而在为人的品性上均有相似之处。板桥弃官回扬州后的第三年,即乾隆二十年(1755年),他们三人合作创作了《三友图》轴,板桥画竹,李鱓画松,李方膺画梅,板桥题"岁寒三友",足见三人的交谊和品格。他们三人所画,皆是自己所长,而且在一定程度上也代表他们的人品。这种合作创作的现象,在传统的文人绘画史上,还不多见。正是这些在精神气质上颇为相似的艺术家群体的存在,而且他们相互之间能友好地切磋技艺,使得扬州画坛显出勃勃生机,推动了当时南部中国艺术的发展。

黄慎(字瘿瓢),是专业画师。他与板桥的关系亦甚亲密。由于早年丧父,家境贫寒,黄慎无法致力于科举之业。在"扬州八怪"中,他是典型的通过绘画来发迹的艺术家,最能说明扬州商业社会对文人画的需求。据史书记载,黄慎初到扬州之时,其绘画模仿萧晨、韩范等人的工笔人物,其书法则以钟繇为楷模,尽管功夫很深,但无个性,可以说属于拟古一路的风格。这种毫无个性,又无时代气息的书画作品,与扬州之地追求新奇的审美趣味很不相符。故而其书画没有市场。黄慎了解了现实的艺术需求,自觉地改变自己的艺术风格。闭门三年,"变楷为行,变工为写"，于是作品稍稍有人购买。又过三年，"变书为大草，变人物为泼墨大写，于是道大行矣"。艺术家花费六年时间，改变自己的艺术风格。前三年的日子应该是十分难受的，而后三年的日子也不甚好过。只有在书画作品有消费市场之后，才能够扬眉吐气。黄慎的艺术作品由滞销变为畅销的过程，生动地反映了扬州之地的审美趣味。作史者曾这样解释这一艺术消费现象："盖扬俗轻佻，喜新尚奇。"这种解释，除了在价值评价方面稍偏保守之外，还是道出了黄慎在扬州之地受挫与发迹的真实社会原因，那就是整个扬州社会的"求新尚奇"的社会审美心理。黄慎的艺术作品大行其道之后，经济上亦大为改观，"买宅，娶大、小妇"，又与李鱓、高翔等人结为二十三友，"酬唱无虚日"。黄慎的成功，为其他艺术家的创作带来鼓舞，也提供了良好的艺术切磋环境。板桥对黄慎的大写意画所取得的艺术成就给予了高度的肯定。在《绝句二十一首·黄慎》篇云："爱看古庙破苔痕，惯与荒崖乱树根。画到神情飘没处，更无真相有真魂。"绝句以凝练的笔调对黄慎大写意的艺术成就，以及大写意的基本内容做了极为生动的概括。尤其是最后两句，点出了黄慎大写意画的精神与灵魂。板桥对黄慎绘画还有较长的评价。乾隆五年，板桥居扬州枝上村，题黄慎的《山水册》，对黄慎的山水画做了简短的解释、评价。

"扬州画派"中的成员，他们有一个好的传统，即他们互相赏识，从而营造出同声相和、同气相求、共同发展的良好的艺术创作氛围。还在雍正五年（1727年），当时的板桥还未出名，而黄慎已经名声在外了。黄慎创作《草书郑板桥道情》卷，这对传播板桥的词，大有裨益。晚年，黄慎又参加板桥发起的酒会，共同论诗作画，酒会之后，共绘九畹兰以记之。可见，黄慎与板桥的关系，一直都很密切。

高凤翰，字西园，晚号南阜，虽年长于板桥而与板桥情谊笃深。特别是他所具有的倔强之气，与板桥相通，因而被板桥引为知己。他亦曾为官，在安徽任歙县县丞、绩溪知县，均有政声，且颇有建树，后因人诬陷而被劾去官职。他性情放达，不为流俗所容。其绘画虽宗宋人，然在晚年右手残废之后，用左手创作的作品，则画风奇逸，在超逸规矩之中，表现出自由、奔放的艺术特征。事实上，高的绘画在早年就表现出突出的个性特征。板桥曾在题高凤翰作的《寒林雅阵图》中说道："此幅是其少作，后病废用左手，书画益奇。人但羡其末年老笔，不知规矩准绳自然秀异绝俗，于少时已压倒一切。"这即是说，高凤翰的绘画艺术，在少年时成就就很高了，只是到了晚年更加自由奔放而已。高凤翰的绘画，很注意设色分层及布局的合理安排。板桥称其是从"时文制艺"中来，而又无八股的气息，在评《高凤翰画册》第八幅时说道："此幅三石挤满纸，而其为绿、为赭、为墨，何清晰也！为高、为下、为外，何径路分明也！又以苔草点缀，不粘不脱，使彼此交搭有情，何隽永也！西园老兄，秀才出身，故画法具有理解。"这段题识，从技法方面揭示了高的绘画作品所具有的内在联系，以及与他本人学养的关系。

板桥平生最喜爱高的书法，曾师法过他的书法，并且由高的书法而上溯到苏轼。在《绝句二十一首》第一首中，板桥承认自己曾经模仿过高的书画，以满足他人对高的绘画的索求："西园左笔寿门书，海内朋交索向余。短札长笺都去尽，老夫赝品亦无余。"如果不是至交，是不会说出这其中秘密的。而板桥的绘画能够搪塞"海内朋交"，表明板桥的赝作水平亦不错，从侧面反映了板桥对高的绘画有较深的研究，否则是不能完成此等搪塞工作的。板桥画竹，注意光线的明暗、长势的向背等透视原理，可能与高凤翰对他的影响有关。

从个性上说，高与板桥有相似之处，即皆为"性情中人"。乾隆五年，高凤翰赋《忆板桥》诗云："澹如我辈成胶膝，狂到狂奴有性情。便去故乡寻旧迹，断碑犹爱板桥名。"而板桥在《题高凤翰荷花芦苇图轴》之二，刻画出他与高不同寻常的忘年情谊："苇花秋水逼秋清，画舫江南旧日情。最是采莲诸女伴，髯高风郑笑呼名。"

在板桥的朋友中，边寿民是其中颇为独特的一位。他潜心绘画，结庐荒洲，在琉璃窗中洞察芦雁的飞鸣、食宿、游弋之态。边寿民所画的芦雁，生动逼真，出神入化。对边寿民这种潜心艺术的精神，板桥曾有诗加以描绘："边生结屋类蜗壳，忽开一窗洞寥廓。数枝芦荻撑烟霜，一水明霞静楼阁。夜寒星斗垂微茫，西风入帐摇烛光。隔岸微闻寒犬吠，几拍吟髭更漏长。"又在《绝句二十一首·边维祺》一诗中，对边寿民绘画的艺术成就做了简练的概括："画雁分明见雁鸣，缣缃飒飒荻芦声。笔头何限秋风冷，尽是关山离别情。"边氏乃山阳的一个秀才，不走仕途经济之路，以绘画为生。这一点与板桥又有所不同。

除了以上几位交往较深，且有情感上的共鸣、思想上的交流的画家以外，板桥与"扬州画派"中的其他人物，如汪士慎、高翔、罗聘、李葂等，亦有较多的交往。板桥在潍县作宰时，给友人郭芸亭作《墨竹图》轴题字中，曾提到过汪士慎，并称汪"妙写竹"："扬州汪士慎，字近人，妙写竹。曾作两枝，并瘦石一块，索杭州金寿门题咏。"又乾隆十二年秋，板桥从潍县返回扬州探望亲友，曾与汪士慎、李鱓、李方膺合作创作了一幅《花卉图》，板桥负责题诗。诗后落款记曰："乾隆丁卯秋日，士慎画梅，复堂补佛手、石菖蒲，晴江添月季，余作诗于上。"题诗主要是解释画面意思，以见画家、诗人的各人品格："梅花抱冬心，月季有正色。俯视石菖蒲，清浅苗寒碧。佛手喻画禅，弹指现妙迹。共玩此窗中，聊为一笑适。"又于乾隆十六年（1761年）九月十四日，板桥为焦五斗题汪士慎《乞水图》，再次品评汪士慎的人品之清及其作品的艺术价值。题画云："此画此诗此书，可值一瓮金，瓮水不值偿也。然巢林居士不以易金而以易水，则巢林之清品可知矣。不以易他人之水，而以易五斗之水，则君之清品益可知矣。"板桥对汪士慎不为金钱所诱，不为权力所迷的独立人格，表示了高度的赞赏。

从现有文字资料看，板桥与高翔的交往不多。然板桥对高翔的绘画、篆刻所达到的较高的艺术成就还是有所评价的，并给予了肯定。在《板桥先生印册》中，有一"充柔"之印。此印乃刻错之印。但由于是高翔所刻，板桥仍然保留下来了，并专门作了题跋:"高凤冈,名翔,字西唐,刻此。""若俗笔,虽字字六书,丝毫无舛,我正不取。"由此可见板桥对高翔篆刻艺术的珍视。板桥曾题高翔的一幅《山水图》,认为此图比真实的自然山水更妙:"幽岩雨过静,傍水沿篱结草庐。何人买山如画里,卧风消受一床书。"就当时的艺术消费市场来说,高翔的卖画收入,一年亦能获得千金,少者数百金。板桥在《行书偶记》中说,高翔卖画"岁获千金,少亦数百金",由此亦可从另一侧面证实高翔的艺术作品的社会价值。

板桥与华岩交往的资料极少,现存文字资料只有《题华岩画浣纱溪房扇面》:"杨柳桃花几度春,隔溪歌舞认前身。吴宫滋味如纱薄,洗尽江山是美人。"题识只叙述了画面的内容,未对艺术成就做任何评价,而真迹亦不见。周积寅先生曾引香港王南屏藏墨迹,上面有板桥与华岩合作绘画的文字,时为乾隆丙寅年秋九月,在扬州程梦飞胡华庵中相见,时华岩正在作画,板桥来后,又在画上补竹。

板桥与李葂的关系,大约受卢雅雨的影响。李葂乃卢的高足。当卢雅雨由安徽六安州牧调任两淮盐运使来到扬州时,李葂亦随之而来。由此,板桥与李葂方有来往。板桥曾为李葂的绝句作书,这一方面可以看出李的诗歌艺术成就,另一方面亦可以看出板桥与李葂的关系。在板桥归隐扬州之日,板桥邀请的士人当中,就有李葂。而且板桥称李为"韵士",要李吟诗。可见板桥对李葂诗歌才能的推重。

板桥与罗聘之间的关系可谓是世交,罗聘的父亲罗愚溪与板桥早有来往。在现存墨迹中，就有板桥《题罗愚溪山水》条幅。题识之诗云："松声瀑响满虚亭，高士闲眠侧耳听。几个樵夫寻不到，古台幽径万年青。"板桥长罗聘四十一岁，罗聘与板桥的关系属忘年之交。罗聘对板桥十分尊敬，在罗聘晚年诗作《江上怀人诗绝句十五首》中，就有怀念板桥的诗作。板桥在罗聘夫人方婉仪三十岁生日时，曾作《石壁丛兰图》轴，并题诗祝贺："板桥道人没分晓，满幅画兰画不了。兰子兰孙百辈多，累尔夫妻直到老。"

在讲"扬州画派"与郑板桥的关系时，不能不提到卢见曾。卢见曾，字抱孙，号雅雨山人，清代文学家，著有《忠雅堂诗集》。他虽然不属于"扬州画派"中人物，但却是一位对板桥和江南士人有重大影响的文化官僚。卢雅雨之所以对江南士人有重大影响，乃在于他几度为扬州盐运使时，两次主盟"红桥修禊"，聚集文人墨客，在扬州之地作诗饮酒。这种由执政官员私人主办，带有半官半民性质的文人荟萃活动，对提高江南都会——扬州地区的文人社会地位，促进士人之间的交往，无疑具有客观的历史意义。卢雅雨初任扬州盐运使时，因人弹劾，曾被乾隆皇帝罢去扬州盐运使的官职，调出扬州。在卢雅雨离扬州北上出塞"坐台"之前，高凤翰曾布局创作了《卢见曾出塞图》，图成之后，卢雅雨、高凤翰、郑板桥、吴敬梓、马曰琯等人均在图上题诗。而高凤翰因牵连被罢去官职。由《出塞图》的题跋可以推知，吴敬梓应当知道郑板桥。吴敬梓，这位曾一度醉心科举而屡遭挫折的小说家，最终幡然醒悟，用自己的亲身体会，猛烈地批评科举制度在取士方面的弊病。他在品性的放达方面与郑板桥有相似之处。其在小说《儒林外史》中塑造的杜慎卿这一人物形象，既是以自己为原型，又典型地刻画了该时代蔑视科举的士人的精神风貌。其在小说中对被压迫的女性表示出公开的同情倾向，与郑板桥同情苦难中妇女的思想倾向基本一致，带有进步士人所表现出来的"人道"气息。只可惜，在现存的文字资料中找不出郑板桥与吴敬梓的交往文字。郑板桥本人与卢雅雨的关系不错，当卢第二次任扬州盐运使之时，板桥在家等待补缺，心中甚是不平，曾赋诗于卢，发泄心中的愤懑。晚年归隐扬州，又积极参与了卢主持的两次"红桥修禊"。第一次和诗有八首之多，第二次大约因年老体衰，只和诗一首。在其《诗钞》中，有多首和卢雅雨的诗作。有些诗作当然是一般文人的应酬文字，不值一提，但有些诗则可看出当时文人荟萃的盛况。如《和雅雨山人红桥修禊》之四一诗写道："草头初日露华明，已有游船歌板声。词客关河千里至，使君风度百年清。青山骏马旌旗队，翠袖香车绣画城。十二红楼都倚醉，夜归疑听景阳更。"诗中"词客关河千里至"一句，可以看出当时"红桥修禊"的空前盛况，亦可以看出这一文人荟萃活动对社会和文人群体的巨大影响。又《再和卢雅雨四首》中的其三，其中有诗句云："放鸭洲边烟漠漠，卖花声里雨朦朦。关心民瘼尤堪慰，麦陇青葱入望中。"从这些诗句可以看出，"红桥修禊"活动，实际上也是词人墨客深入民间，了解民情的一次机会。其四有诗句云："皂隶解吟笺上句，舆台沾醉柳边城"，则揭示了"红桥修禊"活动影响之广泛，连一般的官府皂隶亦加入了对文人诗歌的欣赏之中,他们与文人词客同醉柳边城中。从这一角度看,"红桥修禊"活动,实际上又是一次人性的解放活动,等级的鸿沟在诗与酒的浪漫之中暂时地被填平。

也正是在卢雅雨再次出任扬州盐运使之后的第二次"红桥修禊"聚会上,郑板桥结识了袁枚。袁枚,清代中期的大诗人、文学家、"性灵派"的主将。在清中叶复古主义占上风的时期,袁枚高举"性灵"的大旗,继承明中叶以来的个性解放思想,主张诗歌创作要以抒发诗人的"性灵"为主,反对对古人的模仿。应当说,其诗歌创作的基本精神与板桥有相通之处。但由于板桥与袁枚的人生经历不同,性情气质相异,再加上缺乏必要的直接了解,因而此次见面不甚欢洽。板桥《诗钞》中只有两句评价袁枚的联句,且含有戏谑之意:"室藏美妇邻夸艳,君有奇才我不贫。"① 板桥对袁枚的诗名可能亦有所闻,但并未仔细读过袁枚的诗作,大约只听说过袁枚的一些奇闻逸事。袁枚当时以富贵人家的"才子"而闻名天下,世人称他为"袁才子"。乾隆四年,袁枚中进士,当时他才二十四岁。而板桥一生最讨厌富人、才子。乾隆十三年九月,在《与江昱、江恂书》中,板桥称"凡所谓锦绣才子者,皆天下废物也"。在序董伟业的《竹枝词》中,称自

---

① 六孝萱编:《郑板桥全集·板桥集》。另外袁志祖《随园琐记》卷上《记翰墨》云:"郑板桥先生集中,有赠先大父诗云:'室藏美妇邻夸艳,君有奇才我不贫。'只此二句,并不成篇,或系楹帖耶?"

己"眼大如箕,又何知夫钱虏!"这种人生观上的巨大差异,妨碍了板桥进一步认识袁枚。据史料记载①,板桥生前曾斥袁枚为富贵人家的"斯文走狗",袁枚因此而衔恨,在板桥死后,巧妙地利用板桥"青藤门下牛马走"之印而称板桥为"青藤门下走狗郑燮",并大肆攻击板桥书法。这乃是传统的"文人相轻"恶习在二人身上的表现。再者,板桥与袁枚相遇之时,袁枚只有四十七岁,正处壮年,而板桥则是七十老翁矣,二人之间的心理隔阂也影响了他们的相互理解。袁枚见板桥,倒有相见恨晚之意,但又流露出颇为自负的口气,作有"遇晚共怜双鬓短,才难不觉九州宽"的联句,这对名满天下的郑板桥来说,不免有些唐突。故而板桥以戏谑的口吻回答袁枚,亦是情理之中的事情。历史上有板桥哭袁枚的故事,此乃后人附会,其实乃是板桥哭金农之事的讹错。喻蘅先生在《郑燮与金农、袁枚交谊考辨》②一文中,对此做了比较清楚的分析,当为的论。不过,板桥与袁枚之间的不甚相谊,并不影响二人在清中叶诗坛上各自的历史地位,这只是中国早期启蒙人物在个性上的差异,正好展示了历史人物丰富的个性内涵,显示了历史本身的复杂性。十八世纪法国启蒙思想家

---

① 舒仲山:《随园诗话批注》卷十一云:"毕太夫人诗既不佳,事无可说,选之何为?所以郑板桥、赵松雪(当为赵云松)斥才子为'斯文走狗',作记骂之,不谬也。"案:今《郑板桥全集》中不见板桥骂袁枚之文,但有骂才子之文,不知是否被板桥后人所删。

② 喻蘅:《郑燮与金农、袁枚交谊考辨》,《复旦学报》(社会科学版)1987年第4期。

卢梭与伏尔泰之间亦有重大的分歧，然而不影响他们各自在当时思想史上的地位。

三、 板桥与一般的诗文书画朋友交往

在板桥的艺术交往的生涯中，除了"扬州画派"及对"扬州画派"有重大影响的文化名流之外，还有一些不甚有名的方内方外朋友。这些与板桥经常在一起唱吟的下层士人，以他们真实的人生际遇，显示了科举取士制度的狭隘性。而这些被排斥在科举大门之外的士人群体的存在，其本身又显示了一种历史力量。随着经济、文化的发展，文化、学术在不断地下移，这些下层士人，他们在自觉或不自觉地做着一件事，那就是在促使文人的学术传统与工匠传统相结合，促使中国社会缓慢地向近代转化。

（一） 方内朋友

在板桥诗集中，有一些不甚有名的历史人物，他们以经商、种地等方式谋生，而未踏上科举道路。他们在生活之余，往往借助诗、书、绘画来抒发自己的个人情怀，表现出与一般劳动者的不同。这些文人群体的存在，显示了江南地区特有的文化生命力。

李御、于文睿、张宾鹤、王文治等人，皆是板桥的诗友。板桥在《题张宾鹤西湖送别图》的题跋中云："黄金避我竟如仇，湖海英雄不自由。今日一杯明日别，订盟何得及沙鸥！"诗歌表达了对张宾鹤等人的深切留恋之情。晚年，板桥在扬州举行八人

桌会，他们都是其中的少年诗人。

陈际青，一般的士人。板桥亦有诗赠云："瓜洲江水夜潮平，月满秋田鹤唳清。记得扁舟同卧听，金同云板二三更。"

石东村，乃一无名诗人。板桥对石东村诗作的艺术成就，给予了高度的评价，在题石东村《铸陶集》时说道："诗人老去兴偏豪，烧尽千篇又铸陶。从此铸韩还铸杜，更于三代铸《风》《骚》。"（《寄题东村焚诗二十八字》）

板桥的学生昆宁、坤豫二孝廉，学习板桥的狂放，对世俗表现出抗拒的态度。板桥告诫学生不要学习自己的老狂形态，以免遭受不必要的麻烦，赠诗云："板桥头发已苍苍，尔辈何须学老狂？记取旧延崔录事，'鹧鸪'那得及'鸳鸯'！"

许衡州，江淮韵士。板桥有诗赠许云："半缺柴门叩不开，石棱砖缝好苍苔。地偏竹径清于水，学俸无措唤儿回。塾师亦复多情思，破点经书手送来。"

扬州江七、姜七，乃无势无名却有艺术成就的书画家。江七，即江昱，字宾谷，一字松泉，祖居歙县，后迁扬州仪征县。江昱久困科场，后嗜学安贫。他工诗文，精于金石，著有《尚书私学》《韵岐》《潇湘听雨录》。居扬州之时，为板桥文友。姜七，即姜文载，字命车，号西堤。他淹通经史，工诗书画，年三十而殁。板桥为他们二人的书画艺术作鉴赏，以期世人能认识他们的书画艺术价值。在《江七姜七诗》中，板桥真诚地推介二人书画，表现了板桥对后进的爱护之情。

在板桥的文友中，有一瞽人陈孟周。板桥对陈的词作大加赞赏，逢人便诵。在《题陈孟周词后》中称李白的词亦有不及陈孟周之处，李后主、辛稼轩词更是要逊色陈词一筹。

在板桥的诗集中，专门有为小人物作传的绝句。在二十一首绝句中，除了几个人物是当时的知名人士外，大多是不知名人士，如其中的郭沅、音布、申甫、傅雯、陈坤、金兆燕等人，都是无名人士。郭沅，扬州人，孝廉，工制艺。音布，长白山人，善书。申甫，关中人，孝廉，工诗。傅雯，闾阳布衣，工指头画，师法且园先生（即高其佩）。

程羽宸，江西南昌人，经商，曾赠板桥千金，亦作诗，有《黄山诗卷》，板桥有《题程羽宸黄山诗卷》。

梁魏金，围棋高手，板桥曾作诗描述过他。另外，还有其他一些下层士人，如胡天游、张蕉衫、潘桐冈等等。这些下层士人，正是中国传统的学术传统与工匠传统相结合的现实基础。

（二）方外朋友

在板桥的朋友中，有一部分方外人士，如道士、禅师等，亦值得重视。这些人大多是从正统的文人圈子跳到圈外，在出世的行为中获得人生的安顿。这些人对板桥的思想有重大的影响。在现存的板桥诗作中，有相当多的一部分诗作是描写方外生活的。从现存诗作中出现的方外人士来看，有如下的僧人、道士与板桥有较密切的交往，如石道士、无方上人、博也上人、松风上人、弘量上人、巨潭上人、梅鉴上人、青岩和尚、法海寺仁公、起林上人、宗上人、光明殿娄真人、莲峰、佛上人。这些方外朋友，在板桥失意之时，给予了他巨大的精神安慰。

从板桥与这些方内、方外朋友的交往来看，板桥与封建社会中下层士人之间有着十分密切的关系。这是导致他不能忘怀现实的一个重要的原因。

明清之际的江南一带，中下层士人结社活动十分频繁，各种名目的"社"很多，有些"社"固然没有多大意思，但这种现象本身可以反映几个方面的问题。其一科举制度的用人途径的狭窄，满足不了因经济、文化的发展而出现的文人辈出的时代需要。其二，文人无路可走时，在自觉不自觉地自寻出路，表明历史自身在开始探索新的路径。其三，这一现象表明，必须要有一种新的用人机制，使大批士人找到实现自身价值的地方。其四，改造现有的知识内容，使学术传统与工匠传统结合起来。一大批未能跻身仕途的读书人，由于他们所学的知识无用于当世，故而无所事事。"扬州画派"的卖艺生涯，表面上看起来很体面、风雅，实际上只是民间卖艺的比较体面的变相，他们在一定的程度上还依托着正统与官方"科举"的光环，郑板桥、李鱓、李方膺等人均是如此。而大批士人遁入空门，表明时代的精神苦闷程度在提高。板桥曾作诗说："不仙不佛不圣贤"，"不烧铅汞不逃禅"，这是用否定的语言表达出的一种精神苦闷，只是这一精神苦闷没有将板桥压倒而已，表现了板桥在时代苦闷面前所拥有的巨大的精神抗拒力。这种精神抗拒力，正有赖于板桥从儒家经典中汲取的积极入世精神。

第五章 "掀天揭地之文"
——板桥诗词与《道情十首》

在康雍乾时期，清诗坛基本上为形式主义所主宰，沈德潜的"格调说"在当时颇为流行。而康雍乾三朝的"文治武功"，用暴力的手段来对付文人，文字狱的阴影在大多数人的心头笼罩，很多文人不敢作诗，即使作诗，亦不敢表达自己的真实思想、情感。板桥则不一样，他的诗不仅表达了自己的真实感情，而且大胆地揭露了现实的阴暗面。《清史列传》中仅称他的诗："诗言情述事，恻恻动人，不拘体格，颇近香山、放翁"，不敢道出板桥诗的批判的一面。同时代的诗人、板桥的好友郑方坤在《本朝名家诗钞小传》中，虽然比较详细地评价了板桥诗的艺术成就，称板桥诗"取道性情,务如其意之所欲出",又说"然其诗流露灵府,荡涤埃壒,视世间无结辖不可解之事,即无哽咽不可道之词。空山雨雪,高人独立,秋林烟散,石骨自青,差足消之",但仍然未能道出板桥诗的批判性一面,因而也不够全面。事实上,板桥之诗,不仅有"直摅血性"的一面,还有与杜甫的诗史相似的一面,只有道出了板桥诗的这一面,方能全面地理解板桥之诗。

一、"直摅血性为文章"
——板桥诗词的个性特征

在板桥之前,中国早期的启蒙思想家李贽、袁宏道、黄宗羲等就分别提出过"童心说""性灵说""风雷之文"等个性化的文学创作主张。以清代明的历史震荡虽然使早期的个性化文学创作主张稍受压抑,然其精神并未断绝。在清初的诗坛上,虽然缺乏个性化的诗作,但到了清中叶,伴随着商品经济的进一步发展、资本主义萌芽的复苏,以及思想界反复古主义思潮的再度兴起,诗歌创作又重新出现了崇尚个性的倾向。板桥的诗歌创作便是这一倾向的代表之一。

早年的板桥,其诗歌创作主要表现出崇尚个性的特征。用他自己的话说,他的诗歌多为"逐光景,慕颜色,嗟困穷,伤老大"的抒发个人真实情怀之作,与"社稷生民之计"无关。当然,这种个人的真实情感与无病呻吟和风花雪月之情是有区别的，在一定程度上反映了当时社会下层士人的真实生活状态，具有一定的历史价值。而且，这种抒发个人真情实感的诗作，带有反对死于古人句下的创新价值，是个性化的文学主张再度崛起的标志。《偶然作》一诗，猛烈地批评了毫无生气、徒会寻章摘句的小儒之文，表现出鲜明的反复古的倾向。诗歌起句便表现出惊世骇俗的气势："英雄何必读书史，直摅血性为文章。不仙不佛不圣贤，笔墨之外有主张。纵横议论析时势，如医疗疾进药方。"这样的英雄人物，不必在古代的经典中寻求救世药方，寻求创作灵感，他直接从个人的切身感受中寻找创作动力，直接把个人的生命融入文章之中。这种文章中有血肉丰满、生机勃勃的"我"，因而是个性化的。这样的英雄人物，并不要求逃离现实，成仙做佛，也不要求凌驾于一般的民众之上，成为圣贤，而是一个积极入世且有用世才干的真正人物。这种英雄人物在一定程度上代表了新的人生理想，是一个反宗教、反权威而又有救世理想的平凡人物。在板桥的文艺理想和人生理想之中，已经蕴含个性解放与社会改造相统一的辩证思想。这一人生理想，实际上是儒家的人格思想与入世情怀和道家的自由人格理想在新时代条件下的转化。对于名士之文，板桥亦持赞赏的态度，认为这些文章虽然不一定有什么现实的功利价值，但这些文章"崇论宏议，慷慨多情，追逐光景，风情可喜"，乃是人的灵府之流露，故亦可嘉："名士之文深莽苍，胸罗万卷杂霸王。用之未必得实效，崇论宏议多慷慨。雕镂鱼鸟逐光景，风情亦足喜且狂。"只有那些小儒之文令人生厌，他们的文章，或是"抄经摘句"，或是"玩其词华",只知"弟颂其师",喜立门户。他们人虽在世,其名却已消亡,即使椠碑刻石于大道之旁,亦无人阅读其文。"小儒之文何所长,抄经摘史饾饤强。玩其词华颇赫烁,寻其义味无毫芒。弟颂其师客谈说,居然拔帜登词场。初惊既鄙久萧索,身存气盛名先亡。椠碑刻石临大道,过者不读倚坏墙。"板桥这一大段鄙薄小儒的文字,实际上是对清初及清中叶的复古主义诗歌的尖锐批判。

板桥十分讨厌借古人出名,动辄以高古、唐宋来标榜自己的诗文,以古人来压抑他人的做法。在《板桥自叙》中,他坚决反对他人以高古的标准来衡量自己的诗文。他说道:"板桥诗文,自出己意,理必归于圣贤,文必切于日用。或有自云高古而几唐宋者,板桥辄呵恶之,曰:'吾文若传,便是清诗清文;若不传,将并不能为清诗清文也。何必侈言前古哉!'"这种历史的自信,反映了板桥的历史发展观,他看到了历史的各个阶段皆有其自身的价值,而诗文的价值正在于展示不同历史阶段的真实精神风貌。

板桥反对复古主义的风气,没有停留在一般的感性认识层次之上。他结合当时的科举取士的实际,分析了复古主义思想产生的原因。在板桥看来,文坛、诗坛上之所以盛行这种崇古现象,是与科举取士的制度密切相关的。"明清两朝,以制艺取士,虽有奇才异能,必从此出,乃为正途。其理愈求而愈精,其法愈求而愈密。鞭心入微,才力与学力俱无可恃,庶几弹丸脱手时乎?"这些人中举之后,当然便能以才子而名行天下,而没有中举之时，便自我标榜"我是古学"，其他人的学问皆不足道。在板桥看来，这些标榜古学之人，"天下之人未必许之，只合自许而已"。板桥坚决不以古人来抬高自己诗作的身价，公开声称自己的诗作只是抒发了自己的个人感受，没有什么高古之处，也没什么重大的政治意义，用真情实感来拒斥虚伪的崇高。像他中年创作的长诗《七歌》、组诗《哭淳儿五首》、律诗《得南闱捷音》等诗作，均真切地表达了他个人的悲苦情怀。《七歌》篇，以歌行体形式抒发了自己在而立之年的困顿状况，到了诗篇之末，发展到指责苍天的地步。

《七歌》一诗从七个侧面抒发了板桥中年的落拓情怀：首先是从现实的人生困苦出发，然后逐渐回忆往昔的苦难，再回到现实的困苦之中，全诗使人感受到一个孤立无援的下层士人对生活的绝望之情。诗的第一个侧面的困苦是，正当三十而立之年，学业未成，老父去世，家庭生活困顿，而催债者登门不绝。诗歌云："郑生三十无一营，学书学剑皆不成。市楼饮酒拉年少，终日击鼓吹竽笙。今年父殁遗书卖，剩卷残篇看不快。爨下荒凉告绝薪，门前剥啄来催债。呜呼！一歌兮歌逼恻，皇遽读书读不得。"由现实的困苦又联想到童年的苦难、少年家境的困难、青年时的落拓不遇："我生三岁我无母，叮咛难割襁中孤。登床索乳抱母卧，不知母殁还相呼。……呜呼，二歌兮夜欲半，鸦栖不稳庭槐断。"亲生母亲病逝之后，父亲为了有人照顾板桥，又再娶。后母郝氏无子，对板桥如亲生子一般。然而板桥父亲本是一个下层士人，家境贫寒，经过这一番折腾，经济更加拮据，时或有不食之虞。幼年的板桥还不能体谅家境的困难，在"时缺一升半升米"之时，便大怒胡闹："儿怒饭少相触抵，伏地啼呼面垢污，母取衣衫为涮洗。"营养不良，是板桥少年多病的重要原因，他倦书逃药，夜晚溲溺，幸有阿叔的偏爱，才不至于遭到父亲的责骂。及至青年之际，他四处奔走，企图有所作为，然而在权钱结合的社会里，无钱无势的郑板桥在仕途上必然是曲折、崎岖的。诗人真实地描述了自己失意、狼狈的窘态："几年落拓向江海，谋事十事九事殆。长啸一声沽酒楼，背人独自问真宰。"久泊他乡，功名不就，潦倒之中又倍思家乡，回家之际又无颜面对妻子："枯蓬吹断久无根，乡心未尽思田园。千里还家到反怯，入门忸怩妻无言。呜呼！五歌兮头发竖，丈夫意气闺房沮。"

诗人困窘至极之时，甚至有点丧失理性了。孩子在饥寒之中啼哭不已，更增添了诗人的烦恼，他愤怒之中鞭打儿女，而内心则怜爱不已，事后又更转悲伤。在"萧萧夜雨盈阶屺，空床破帐寒秋水"的秋冬季节，诗人为了抵御饥饿，只好命令孩子晨眠晚起。为了改变现实的困窘，诗人离家远走，谋求生路。"呜呼，眼前儿女休呼爷，六歌未阕思离家。"《七歌》一诗，以其师陆种园先生的潦倒作为全诗的结尾是颇有意味的。他既表明其师的高尚之德，亦表明自己的孤独无援，父殁师穷，无所求援。在这种极度的困窘之中，诗人只能指天而骂："七歌兮浩纵横，青天万古终无情。"

《哭犉儿五首》，全是一片赤诚的人间父子情，两百多年之后的今天读来，亦令人心碎肠断。第一首表达的乃是一个未能尽到父责的父亲的惭愧、痛苦之情:"天荒食粥竟为长,惭对吾儿泪数行。今日一匙浇汝饭,可能呼起再重尝!"第三和第四两首,将惭愧之情寄语于对爱儿亡魂的关怀之中,感伤之意,令人悱恻不已。第三首云:"坟草青青白水寒,孤魂小胆怯风湍。荒涂野鬼诛求惯,为诉家贫楮镪难。"诗人在现实的人间为了儿女的生活曾向人举债,而在爱儿夭折之后,还要向野鬼诉求家贫,央求放过自己的小儿,莫要为难爱儿,寄爱于悲之中,而悲情更苦。第四首则是向儿魂告诫,不要再像在父母身边那样撒娇卖怜,阴间恶鬼非人间父母:"可有森严十地开,儿魂一去几时回?啼号莫倚娇怜态,逻刹非而父母来。"诗人在痛苦欲绝之时,只好寄望于佛教的"浮图三生"之说,希望来生重做父子,以偿今生照料不周的宿债:"浮图似有三生说,未了前因好再来。"

"诗可以怨",是中国诗歌的传统之一。板桥的诗歌就很好地继承了这一传统,在"盛世"之中抒发了下层士人对生活的不满,对等级、特权制度下贫富不均的怨恨之情。板桥中进士之后,也没有表示出对皇恩的感激之意。为了小小的功名,他花费了整整十年时间,老父死去,儿子夭亡,妻子早逝,中了进士,又有何用?又有什么意思?《得南闱捷音》一诗便典型地表达了板桥的这种心境:"忽漫泥金入破篱,举家欢乐又增悲。一枝桂影功名小,十载征途发达迟。何处宁亲惟哭墓,无人对镜懒窥帷。他年纵有毛公檄,捧入华堂却慰谁?"当板桥获得了他朝思暮想的科举功名之后,他突然觉得这是一场梦。这种思想意识在当时正统的举子们看来,无疑是对浩荡皇恩的亵渎,然而板桥就是这样认为的。

诗人的个性,决定了他不可能对现实的苦难采取一种沉默的态度,他要抒发自己的真切人生感受,因而也就不愿死于古人的风格之下。他不愿读书五车,不愿刻意效法他人,他只是表达自己的真实思想、情感,要用这真实的生活去扫除虚伪的阴霾,以展现真实的生活面貌:"读书必欲读五车,胸中撑塞如乱麻。作文必欲法前古,婢学夫人徒自苦。吾曹笔阵凌云烟,扫空氛翳铺青天。"(《赠潘桐冈》)板桥强调,作文之时,一定要遵循自己的兴致,不能勉强:"作文勉强为,荆棘塞喉齿。乃兴勃发处,烟云拂满纸。"(《赠胡天游弟》)板桥极力强调诗文创作过程中的个性自由。他甚至认为,即使是山灵鬼魅也爱惜狂逸之才,"山灵爱狂逸,魑魅识才技",只是现实扬州城中的庸众之辈看重金钱而轻视人才,"杂沓吾扬州,烟花欲羞死"(《赠胡天游弟》)。

板桥诗歌的个性特征,就在于他始终从个人的亲身感受出发,揭示生活的不平。

《贫士》一诗,实乃板桥自状,而诗的结尾告诉世人,不要嫌弃与自己同甘共苦的结发妻子。这实际上是对当时一些无德文人一阔就变得市侩习气的批判。"贫士多窘艰,夜起披罗帏。……出门气颇壮,半道神已微。相遇作冷语,吞话还来归。归来对妻子,局促无仪威。谁知相慰藉,脱簪典旧底。入厨然破釜,烟光凝朝晖。盘中宿果饼,分饷诸儿饥。待我富贵来,鬓发短且稀。莫以新花枝,诮此蘼芜非。"发达甚迟的郑板桥,虽比终生老于林下的落拓士人略胜几筹,但其良心的谴责却使他常常感到内心不安。他在中举之前,其妻不幸早逝,这种内疚是无法对人言说的。不独妻子,还有自己的儿子。故板桥在悼乳母的诗中,这种愧疚之情又不自觉地流露出来了。"平生所负恩,不独一乳母。长恨富贵迟,遂令惭恧久。"他要报答为自己的仕途、人生有过恩的所有人,以弥补心灵上的缺憾,以证明自己没有辜负他们的辛苦培养。然而,这些人都像乳母一样,早已命归黄泉,他无法遂愿了。因此,日后尽管会"食禄千万钟",但其滋味还不及当年的一块饼饵。这是多么真实而又质朴的感情!这里没有因皇恩浩荡而感激,没有因自己的得志而趾高气扬,反而从内心感到现实的无聊、无味。因为,这里没有真诚的爱,而只有尔虞我诈、钩心斗角和虚情假意。

板桥的诗词,不在于把个人的失意、怨恨变作酒杯前的浅酌低唱,而是要向天叹吁,甚至是向天抒恨。《沁园春·恨》就激烈地表达了板桥失意时的满腹怨恨:看花、赏月、饮酒,均不能消除心中的落拓之恨,似乎只有用暴烈的破坏手段,打破"怨而不怒"的温文尔雅,破坏所有束缚人性灵的文章、功名,方能解心头之恨。故诗人愤怒地说:"花亦无知,月亦无聊,酒亦无灵。把夭桃斫断,煞他风景,鹦哥煮熟,佐我杯羹。焚砚烧书,椎琴裂画,毁尽文章抹尽名。"而对自己困窘的生活,板桥绝不肯相信宿命的安排,逆来顺受,而是要向代表公正的"天公"挑战,质问:"单寒骨相难更,笑席帽青衫太瘦生。看蓬门秋草,年年破巷,疏窗细雨,夜夜孤灯。难道天公,还箝恨口,不许长吁一酒罄君莫沽,壶倾我当僎。城市多顽尘,还山弄明月。我苟不知书,莫以我为拙。虽不善书,能得书意窃。谓不学可能。

乾隆丙子秋 板桥郑燮

郑板桥诗作

两声?""大凡物不平则鸣。"板桥继承了"发愤抒情"的诗歌传统,大胆地发泄心中的不满,绝不肯忍气吞声,而是要对天抒怀,指天而问:为什么"万古青天终无情,"对善人才子如此苛刻?!

愤怒出诗人。板桥"直摅血性"、伤时骂天的诗作,恰恰生动直观地揭示了"盛世"中隐伏的社会危机。隐逸是中国封建社会士人惯走的道路,然板桥不愿这样,他的人生理想是:"不仙不佛不圣贤",只做一个可能有错但有益于社会的真正名士。《燕京杂诗》其一,虽是一时愤怒之语,但基本上刻画了板桥的人生态度:"不烧铅汞不逃禅,不爱乌纱不要钱。但愿清秋长夏日,江湖常放米家船。"对于佛、道二教较低层面的追求——烦恼解脱、个人长寿等,板桥始终采取排斥的态度。历史清楚地告诉他:"赤松黄帝坟累累,学仙学佛空尔为。"(《昼苦短》)板桥心中的理想,是要百姓在"清秋长夏"之时,不至于饥饿无粮。尽管自己目前的处境很糟,但他也不愿逃逸到宗教的个人解脱之中,而仍然心怀百姓的疾苦,体现了板桥忧天下之忧的情怀。故而,板桥的发愤抒情诗作,既是诗人个性的展示,又蕴含着深刻的社会内容。他在为官之后,其诗风为之一变,把文章看作与生民之命休戚相关,由直抒胸臆而转向关怀现实。

二、"史家欠实录，借本资校雠"
——板桥诗词的现实关怀

就诗歌艺术的风格、为人的准则来看，板桥受传统文化中的两个传统影响：陶渊明、苏轼；杜甫、白居易、陆游。[①] 尤其是在板桥为官的十二年里，其所作的诗歌，大多是关心民间疾苦、以民之忧乐为忧乐之作，从而使板桥的诗具有极强的历史价值，从一个侧面揭露了康雍乾时期的社会现实矛盾。

（一）揭露现实黑暗

在清代中叶的诗坛上，像板桥诗这样揭露现实黑暗的作品还不多见。《悍吏》《私刑恶》《思归行》《逃荒行》《还家行》《孤儿行》《后孤儿行》等诗作，揭露了封建"盛世"中的官府及刑法的弊病，并揭露了封建社会防务系统、社会保障系统的缺陷，下层社会道德风俗的败坏等现象。如《悍吏》诗就刻画了官府爪牙——蛮横不讲理的悍吏的歹毒之处：

县官编丁著图甲，悍吏入村捉鹅鸭。
县官养老赐帛肉，悍吏沿村括稻谷。

[①] 板桥在《署中示舍弟墨》中说："诗学三人，老瞒与焉，少陵为后，姬旦为先。"这实际上仅就关心现实的题材而言，并不全面。老瞒即曹操，姬旦即周公。

豹狼到处无虚过，不断人喉抉人目。
长官好善民已愁，况以不善司民牧。
山田苦旱生草菅，水田浪阔声潺潺。
圣主深仁发天庾，悍吏贪勒为刁奸。

这些胥吏"索逋汹汹虎而翼，叫呼楚挞无宁刻。村中杀鸡忙作食，前村后村已屏息"。悍吏如此横行霸道，还不是依赖官府的权力！天真的板桥却以为，这大约是长吏不知的结果，如果是知而故纵，则长吏就不是人。"呜呼长吏定不知，知而故纵非人为。"这实际上表明，板桥对封建官府的本质还认识不清，他以仁心推测他人，而不知封建政府在本质上与民众对立的道理。在《私刑恶》序中，板桥仍然如此认为："胥吏以惨掠取钱，官长或不知也。"这使得板桥早期关怀现实疾苦，批判现实弊病的诗作还缺乏应有的历史深度。对比杜甫的《石壕吏》一诗，更可以看到板桥认识的局限性。杜甫没有把矛头直接指向胥吏，而是指向统治者为维护家天下安危而采取的徭役行为。老妇向胥吏诉说："三男邺城戍。一男附书至，二男新战死。"胥吏没有出场，而只是客观地点出了"急应河阳役"的情势。诗歌含蓄而又深刻地指出了"安史之乱"以及唐王朝是给人民带来祸害的真正祸根。不过，板桥诗作为康雍乾"盛世"中的批判现实之作，又具有历史价值。这些诗作从另一方面揭露了"盛世"中的弊病、矛盾，与一般御用文人歌功颂德、粉饰现实的作品大相径庭。《私刑恶》一诗，细致、真实地揭露了胥吏酷施私刑的残酷性，从而暴露了

后期封建社会吏治的弊病,对康雍乾"文治武功"的"盛世"之名无疑是莫大的讽刺。诗云:

> 官刑不敌私刑恶,搒吏搏人如豕搏,
> 斩筋抉髓剔毛发,督盗搜赃例苛虐。
> 吼声突地无人色,忽漫无声四肢直,
> 游魂荡漾不得死,婉转回苏天地黑。
> 本因冻馁迫为非,又值奸刁取自肥,
> 一丝一粒尽搜索,但凭皮骨当严威。
> 累累妻女小儿童,拘囚系械网一空,
> 牵累无辜十七八,夜来锁得邻家翁。
> 邻家老翁年七十,白梃长椎敲更急,
> 雷霆收声怯吏威,云昏雨黑苍天泣。

胥吏依仗官府势力,大肆为非,又借封建法律之名,牟取私利,滥施酷刑,残酷地敲剥因饥饿之故而为盗为贼的贫民,最后没有什么油水可榨,于是又乘机扩大打击面,甚至连邻居七十老翁一起锁去。诗歌以形象、直观的事件过程,揭露了封建社会后期吏治的重大弊病。"连坐法",本是先秦法家治民的一套残酷刑法,汉以后曾一度废止。自王安石变法之后,在地方上推行"保甲法",这种"保甲法"虽然有助于地方治安,但其中却有连坐条文,故而"保甲法"实际上是一种倒退。明代后期王守仁继承了王安石的"保甲法",在地方上更进一步地推行"十家牌法"

"乡约""乡规",加大了地方的控制力度。如"十家牌法"中就有"治同甲之罪"的条文。再到大清法律中又恢复"连坐法",这恰恰暴露了封建社会后期吏治的非人道性质。板桥对此当然不能理解,而只能从现象上来批判胥吏了。

实际上,对胥吏之恶之害,黄宗羲在《明夷待访录·胥吏》中就已做了十分透辟的分析,并给予了猛烈批判。黄氏说道:"盖吏胥之敢于为害者,其故有三:其一,恃官司之力,乡民不敢致难";"其二,一为官府之人,一为田野之人,既非同类,自不相顾";"其三,久在官府,则根株窟穴牢不可破"。黄氏对吏胥危害原因的分析,十分深刻、细致,并且把矛头直接指向封建官府,显示了黄氏思想的深刻性。不仅如此,黄氏还列举吏胥的四端大害:第一,吏胥皆为"徒隶"之辈,这些人都是"皇皇求利"之人,"而当可以为利之处,则亦何所不至,创为文网以济其私"。其结果是:"天下有吏之法,无朝廷之法。"第二,吏胥皆为"无赖子所据"。这些人本身的道德素质就很低,根本不配充当政府命令的执行者。第三,吏胥之名挂在吏部,不由地方行政长官管理,故可以胡作非为。第四,"京师权要之吏,顶首皆数千金,父传之子,兄传之弟,其一人丽于法后而继一人焉,则其子若弟也,不然,则其传衣钵者也"。最后出现了新的怪事:"天下无封建之国,有封建之吏。"亦即是,后期封建社会没有了世袭的诸侯国,却有了世袭的胥吏。黄宗羲对胥吏危害性的这些分析,当然不是诗人郑板桥在一篇短诗中所能及。但板桥笔下的"橡吏""悍吏"之恶行,则是几十年后对黄氏《胥吏》篇的生动补充。二者相互结合，更可以使人们看出封建胥吏及产生胥吏的制度的腐朽性。

康雍乾三朝，并不是封建御用文人描绘的太平盛世，其中矛盾漏洞甚多。后于板桥诗歌的《红楼梦》，以如椽巨笔刻画了乾隆朝代的"内囊空虚"本质。而板桥的《思归行》诗，则从一个侧面揭露了乾隆朝社会防灾救灾系统的弊病，吏治的软弱无力一面。诗人在亲身经历潍县的救灾事件后，对所谓的圣朝所隐覆的一系列矛盾提出了发人深省的质问。诗歌首先描述灾荒的严重程度，"山东遇荒岁，牛马先受殃。人食十之三，畜食何可量。杀畜食其肉，畜尽人亦亡"。然后写乾隆皇帝的慈悲之心与救灾措施，接下来便质问：

> 金钱数百万，便宜为赈方。
> 何以未赈前，不能为周防？
> 何以既赈后，不能使乐康？
> 何以方赈时，冒滥兼遗忘？

诗人或许明白，但不能说破；或许真的不得详解，而只有对天发问，最后只有自怨自艾："臣也实不材，吾君非不良。臣幼读书史，散漫无主张。如收败贯钱，如撑断港航。所以遇烦剧，束手徒周章。"如果说，板桥不像后人那样比较清楚地认识个中的奥妙，但能识出其中个别原因还是极有可能的。《范县》一诗尾联深深地感叹道："县门一尺情犹隔，况是君门隔紫宸。"这种等级森严的官僚制度，需要通过反反复复的辗转上奏，又怎么能不误事呢？在潍县救灾时，板桥驳斥同僚的"申报"观点时说的话，不正体现了板桥对大清"盛世"下官僚机构办事拖拉的深刻认识！史载潍县饥荒时，出现了"人相食"的局面。"燮开仓赈贷，或阻之，燮曰：'此何时？俟辗转申报，民无孑遗矣。有遣，我任之。'"可见，通过亲身经历，板桥是看出了"盛世"中的危机及部分社会矛盾的。但他无法直说，也不便直说，说了也没用。他只能用自己的笔，写下对下层人民的同情之泪、之思，展示出自己的"仁爱"关怀。

在与《思归行》并列的另"三行"及《姑恶》篇中，板桥细腻地刻画了在"盛世"之中下层社会生活的悲惨之状。《孤儿行》《后孤儿行》揭露下层社会道德人心的败坏。在《孤儿行》篇中，同胞叔侄之间，却无点滴人伦亲情，竟使自己哥嫂的孩子过着家奴不如的非人生活；在《后孤儿行》篇中，翁婿之间更是丧失了基本人伦感情，岳翁诬告贫婿，必置贫婿于死地而后快。如《孤儿行》一诗写道：

> 孤儿踽踽行，低头屏息，不敢扬声。……娇儿坐堂上，孤儿走堂下，娇儿食粱肉，孤儿兢兢捧盘盂，恐倾跌，受笞骂。朝出汲水，暮秣刍养马。秣刍伤指，血流泻泻。孤儿不敢言痛，阿叔不顾视，但詈死去兄嫂，生此无能者。娇儿著紫裳，孤儿著破衣。娇儿骑马出，孤儿倚门扉。举头望望，掩泪来归。昼食厨下，夜卧薪草房。豪奴丽仆，食余弃骨，

孤儿拾啗，并遗剩羹汤。食罢濯盘浴釜，诸奴树下卧凉。

从诗所描写的家庭背景看，这是一个剥削者家庭。在这样的家庭之中，本不缺衣少食，也根本不在乎孤儿一人的衣食。但剥削者的贪婪本性已使他们丧失了兄弟之间的血缘亲情之爱，甚至连基本的爱人之心都没有。孤儿生活不如家中豪奴，这恰恰表明，阶级压迫同样渗透在封建血缘的家族之中。孤儿在叔母家庭中所受的压迫，是千万个穷苦孤儿所受阶级压迫的一个特例。这一特例，更生动地揭示了该时代阶级压迫的残酷性和时代性，即为了金钱，为使长大的孤儿不再与他及其子弟争夺财产，不惜不顾血缘亲情。传统农业社会中形成的家族观念，在商品经济的冲击下，正土崩瓦解。而诗中的孤儿所过的这种非人生活，正是康雍乾"盛世"下的所有孤儿苦难生活的缩影。

《后孤儿行》则从另一个侧面批判了当时社会嫌贫爱富，攀附权势，以至于将贫婿置于死地而后快的丧心病狂的行为。一个孤儿，"十岁丧父，十六岁丧母。孤儿有妇翁，珠玉金钱付其手"。本指望"蒲苇系盘石，可以卒长久"。哪知道，岳丈是个贪钱附势的恶毒小人，"得钱归，鼠心狼肺，侧目吞肥，千谋万算伏危机"。既"不为他人儿"，亦不替自家女考虑，一心一意要暗算身为孤儿的女婿。岳母说使不得，岳父讲没关系，"令孤儿汲水大江边，失足落江水"。邻居好心将孤儿救起，一心一意想钱的岳父不仅不言谢字，反而心中怅然，于是又生一计，令孤儿外出乞食，不闻不问："朝不与食，暮不与栖止，孤儿荡荡无倚。

乞求餐饭,旬日不返,外父外母不问,曷论生死!夜宿野庙,荒苇茫茫。"一天晚上,遇上一伙行劫的强盗,孤儿被迫入伙。事发后,累及孤儿,强盗反而为孤儿洗冤,可岳丈大人"辣心毒手,悉力买告,令诬涅与贼同归"。最后以贿赂手段买通官府,借官府之刀杀人灭口,掠夺钱财。诗中的岳翁,实际上是不公开的强盗,而官府与这个不公开的强盗串通一气,将善良无辜的孤儿送上断头台。这真是分不清究竟谁是强盗,谁是良民!这冤枉是这么平静,无人能雪;这杀人是如此轻率,毫无正义。这与乾隆朝随意罗织罪名,大搞文字狱的野蛮行为,又有什么本质区别?岳翁逼善良之人为盗而自己是实际上的最大强盗,封建官府却与这样的大强盗串通一气,则政府与强盗实为一体。所以板桥的四言诗中云:"夜杀其人,明坐其家,处分息事,咤众毋哗。"正揭露了封建官府和官吏的虚伪。而像《后孤儿行》中的岳翁正是板桥所斥责的那种人:"有禽其心,有兽其力。"这些人在日常生活中,亦窃取圣人的仁义之言,以救济自己的贪欲,以遮掩其心灵的丑陋。这些人"播谈忠孝,声凄泪痛",就连"贤明"亦被他们欺骗,更何况是愚民百姓呢?在这首诗中,强盗比岳翁更富有人性。这正是板桥在《家书》中所说的"盗贼亦穷民"的思想在诗歌中的反映。

《还家行》是以山东及潍县的三年自然灾害后的生活为原型而创作的一首诗。诗歌既刻画了逃荒归来后的农民的生活惨状,又描绘了一幅人间妻离子别的伤心场面,旧夫妻团圆而新夫妻离散,欢中有喜、喜中有悲,而全诗着重刻画新夫与旧妻的内心痛苦，撼人心灵，使人欲哭无泪。这是以往的诗歌中所没有出现过的"离悲合欢图"，展示了板桥诗歌的高度艺术性，比杜甫的"三别"之一《新婚别》更为深刻、复杂地刻画了诗中主人公的内心痛苦。

诗先写逃荒到关外者的痛苦：

死者葬沙漠，生者还旧乡。遥闻齐鲁郊，谷黍等人长。目营青岱云，足辞辽海霜。拜坟一痛哭，永别无相望。

接着写回家之后的荒凉、破败景象以及重建家园的行为：

归来何所有，兀然空四墙。井蛙跳我灶，狐狸据我床。驱狐窒鼯鼠，扫径开堂皇。湿泥涂旧壁，嫩草覆新黄。

面对家乡的美丽春景：

桃花知我至，屋角舒红芳。旧燕喜我归，呢喃话空梁。蒲塘春水暖，飞出双鸳鸯。

睹物生情，思念故妻："念我故妻子，羁卖东南庄。"按照当时的法律规定，可以再去赎回妻子。于是"携钱负橐囊"，前去赎妻。然而，这时的故妻心里矛盾了："其妻闻夫至，且喜且彷徨。大义归故夫，新夫非不良。"而更令这位不幸的故妻痛苦的是：她割舍不下与新夫生下的孩子,这孩子乃是她的亲生骨肉,如何又能割舍呢?"摘去乳下儿,抽刀割我肠。其儿知永绝,抱颈索我娘。堕地儿翻覆,泪面涂泥浆。"自然灾害与当时的所谓"圣恩",却制造了三代人的离别痛苦,而其中最为痛苦的,当是这位不幸的故妻、她的新夫以及与新夫生下的孩子。一人之喜(旧夫)又如何能抵挡得住五人(包括新夫的父母)的痛苦呢?这喜中之悲,而悲大于喜的生活苦难图,仅仅是自然灾害造成的吗?不也与统治者赈灾不力,迫使下层人民卖妻有关吗?板桥笔下的劳动人民,其品质是善良的,其待人是礼貌的。这位故妻告别新夫而归旧夫,其内心痛苦无法忍受,然而还要忍泪别舅姑(公婆);而公婆乃是通达情理且善良有加的老人,他们不仅忍受了媳妇弃孙而走的巨大内心痛苦,还送礼嘱托,好好作家。"上堂辞舅姑,舅姑泪浪浪。赠我菱花镜,遗我泥金箱,赐我旧簪珥,包并罗衣裳。'好好作家去,永永无相忘。'"此时,心如刀绞的后夫,则"惭惨难禁当,潜身匿邻舍,背树倚斜阳"。他无言与曾在一起生活过的妻子道别,唯有心惭与痛苦。而更大的痛苦等待着他,父子相守,儿啼其母,夫想其妻的悲惨夜晚生活:"后夫携儿归,独夜卧空房。儿啼父不寐,灯短夜何长!"

《还家行》的艺术技巧就在于以乐景写哀情,在反衬之中更加深刻地刻画了下层民众生活的痛苦,达到了"倍增其哀"的艺术效果。

《逃荒行》描写的是荒年卖儿卖妻的悲惨图。路上弃婴,山中豹虎,天寒雨雪,道路难走,逃荒人的种种惨状,尽在眼前。

而逃到东北，找到新的主人，生活安定之后，逃荒人却又转思家乡的妻子、儿女，由静生悲。

> 十日卖一儿，五日卖一妇。来日剩一身，茫茫即长路。……道旁见遗婴，怜拾置担釜。卖尽自家儿，反为他人抚。路妇有同伴，怜而与之乳。咽咽怀中声，咿咿口中语。似欲呼爷娘，言笑令人楚。

逃荒路上，其情景是："千里山海关，万里辽阳戍。严城啮夜星，村灯照秋浒。长桥浮水面，风号浪偏怒。欲度不敢揆，桥滑足无履。前牵复后曳，一跌不复举。"而经历过千辛万苦，找到了新的雇主时，则转悲思念家乡亲人："幸遇新主人，区脱与眠处。长犁开古碛，春田耕细雨。家牧马牛羊，斜阳谷量数。身安心转悲，天南渺何许。万事不可言，临风泪如注。"

所谓"宁做太平犬，不做乱离人"，安土重迁的中国农民，对故土有一种深沉的执着。这种感情只有深刻理解农民生活的人，才能逼真地刻画出来。

《还家行》与《逃荒行》两诗的突出艺术成就，就在于刻画了诗中主人公的内心痛苦及其质朴善良的品质。如《逃荒行》中的逃荒人，他们虽然卖掉了自己的亲生儿女，但对路上的弃婴却爱怜不已。互不相识的"路妇"，担起乳儿的任务。《还家行》一诗既吸取了汉乐府民歌的白描艺术手法，又吸取了杜甫五言诗对场面描写的长处，比较逼真地刻画了不同人物的心理矛盾，达到了较高的艺术成就。

《姑恶》篇主要是揭露封建家庭中的不平等及婚姻陋俗，而这种不平等及陋俗又与社会的贫富悬殊密切相关。

十二岁的童养媳来到婆家，受尽了辛苦。可是，苛刻的婆婆还觉得折磨得不够，"今日肆詈辱，明日鞭挞俱。五日无完衣，十日无完肤"。而当小媳妇向壁暗暗地哭泣时，狠心的婆婆则以为她在诅咒他们，于是"执杖持刀"，变本加厉地毒打小媳妇。"吞声向暗壁，啾唧微叹吁。姑云是诅咒，执杖持刀铻。"当小媳妇的父母、兄弟来探望时，童养媳只好"洗泪饰欢娱"，"忍痛称姑勤"。童养媳在别人家受欺侮，是封建社会不合理的婚姻制度造成的，这是一般的情况。但板桥所揭示的社会现象既具有这种普遍性的内容，又有其时代的特殊内容在其中，即经济上的贫富悬殊。诗中所叹即能说明问题："嗟嗟贫家女，何不投江湖？"也即说，童养媳的婆婆之所以敢如此残酷地折磨她，只因为婆家富而娘家贫。《姑恶》篇中的童养媳在家庭中所受之苦，正是封建社会阶级压迫在家庭中的表现，诗的历史价值也正在于此。

（二）描摹民情风俗

当然，在板桥的笔下，也有描写丰年秋收之后民间安乐以及江宁（南京）、扬州繁华的社会亮点之处，这恰恰表明了板桥诗歌的历史真实性。所谓"《七月》《东山》千古在，恁描摹琐细民情妙，画不出《豳风》稿"。在范县和潍县做宰时，板桥深入民间，对民间苦乐有了较深的了解，反思自己少年的"采碧云红豆相思料"旧作，觉得惭愧，写了不少反映范县和潍县民众生活的诗篇。从中年到晚年，板桥都自觉地以杜甫为榜样，以人民的喜乐为喜乐，在笔下尽情"描摹琐细民情"。这些描摹民情风俗的诗词可以分两类，一是描写都市市民生活风情，一是描写农村生活风光。从前者可以看出清中叶都市文明一斑及手工业发达的情景，更能体现板桥诗词的时代特征。

组诗《扬州》刻画了当时江南盐都扬州市的商业繁华景象、市民的生活方式：

> 良舫乘春破晓烟，满城丝管拂榆钱。
> 千家养女先教曲，十里栽花算种田。
> ……
> 廿四桥边草径荒，新开小港透雷塘。
> 画楼隐隐烟霞远，铁板铮铮树木凉。

平民阶层，或以色艺服务商人，或以种花为谋生职业，展示了商业社会的生活特征。板桥为进士王元衡作的《平山宴集诗》则从另一角度描写了扬州繁华："闲云拍拍水悠悠，树绕春城燕绕楼"（其一），又"春风细雨雪塘路，旭日明霞六一祠。江上落花三十里，令人愁杀冷胭脂"。诗以春天美丽的自然景色为底色，映衬出扬州经济繁荣、商业兴旺的气象。但是，这种都市繁华实乃商业社会的浮华，浸透着浅薄与享乐色彩，它既能刺激人们的猎奇欲望，又能弱化人们的意志。前者能促进艺术的发展，后者则使人忘怀现实苦难。

《白门杨柳花》《长干女儿》《长干里》等诗，主要描写金陵（今南京市）市井青年男女的恋爱生活，以及他们的喜乐忧愁：

《白门杨柳花》一诗写道：

>白门杨柳花飘飘，陌上游人互见招。明珰翠袖车中手，锦带弯弓马上腰。少年何必曾相识，好鸟名花天下惜。妾住青楼第几家，映门桃柳方连刻。家有水亭新绿荷，东风不大生微波。愿得晴明好天气，郎来倚槛流清歌。郎意温勤自安妥，郎情佻薄谁关锁？陌上游人尽爱侬，侬得郎怜然后可。

这首诗，带有六朝民歌色彩，充满市井青年男女的青春气息。青年男女相互招手，青年女子大胆地自报家门，用非常机智的语言告诉她看中的少年，你可以径直来我家找我。诗的最后两句故意引逗少年：看上我的游人多得很，但我非要你的情爱方觉心满意足。全诗的格调明朗，感情纯朴。

《长干女儿》诗则着意描写少女的娇态和少男的痴情，生动逼真，如睹在目："长干女儿年十四，春游偶过南朝寺。鬓发纤松拜佛迟，低头堕下金钗翠。寺里游人最少年，闲行拾得翠花钿。送还不识谁家物，几嗅香风立怅然。"少女无心，少男有意。无心少女如桃花流水飘然去，有心少男却痴立香风独怅然。

《长干里》诗则写市井老年夫妇种花自食其力的自在生活和织户机民的艰辛生活，诗云：

墙里花开墙外见，篱门半覆垂杨线。

　　……

　　老子栽花百种多，清晨担卖下前坡。

　　三间古屋无儿女，换得鲜鱼供阿婆。

这种自食其力的市民生活，也颇为自在、快活，从一个侧面反映了社会生活光明的一面。

除了鲜花市场以外，南京的丝织业也十分发达，但其织品主要供奉天子，因而不可能按市场价格出售。曹雪芹的父亲曹寅，当年即在南京监督织缎业，曾奏免机户的赋税，由此可以从反面证明封建政府对手工业者的剥削一度曾是十分沉重的。诗以直观的形象揭露了机户生活的贫穷，他们单衫布褐，衣不遮体。但板桥似乎不敢说出个中的原因，而以反问的口气说道：这怎能怨恨贫穷呢？"缫丝织绣家家事，金凤银龙贡天子。花样新添一线云，旧机不用西湖水。机上男儿百巧民，单衫布褐不遮身。中原百岁无争战，免荷干戈敢怨贫！"板桥此诗作于1732年，时年他在南京参加乡试。从明末农民战争，清初满族贵族入主中原，到康熙后期才稳定政局，太平时日不足五十年。板桥却说"中原百岁无争战"，显然不合历史事实，大约诗取整数概数而已。但诗用反问口气来诉说民间疾苦，可谓巧妙至极。

与《长干里》诗不同，《长干里》词则极写南京的繁华、美丽、富庶，大有引人终老于此的愿望。该词写道："逶迤曲巷，在春城斜角，绿杨荫里。赭白青黄墙砌石，门映碧溪流水。细雨饧箫，斜阳牧笛，一径穿桃李。风吹花落，落花风又吹起。更兼处处缲车，家家社燕，江介风光美。四月樱桃红满市，雪片鲥鱼刀。淮水秋清，钟山暮紫，老马闲耕地。一丘一壑，吾将终老于此。"从该词中"处处缲车"和上首诗中"缫丝织绣家家事"一语，可以窥视出当年南京市纺织手工业的发达情况，亦可以显示板桥诗词的时代特征。

《喜雨》诗，对春天江南的农村风光做了极其清新的描述，而且，诗人与农家人一道，共祈秋天丰收：

宵来风雨撼紫扉，早起巡檐点滴稀。
一径烟云蒸日出，满船新绿买秧归。
田中水浅天光净，陌上泥融燕子飞。
共说今年秋稼好，碧湖红稻鲤鱼肥。

诗中"满船新绿买秧归""田中水浅天光净，陌上泥融燕子飞"等句，极富江南水乡春天的泥土生活气息，今日读来，仍倍感亲切。板桥早年客居燕京时的诗作《燕京杂诗》（其二），回忆家乡美景，展示了江南水乡的美丽："门外绿杨三十顷，西风吹满白莲花。"这些诗作，都用极其清新的笔调，描绘了江南水乡的美好景色。

《范县诗》是一组描摹中原地区民情的四言和五言诗，这组诗共九首，细致描写了范县部分农村的生活状况：

十亩种枣，五亩种梨，胡桃频婆，沙果柿榠。春花淡寂，秋实离离，十月霜红，劲果垂枝。（其一）

蒲桃在井，萱草在坪，枣花侵县，麦浪平城。（其三）

臭麦一区，饥鸡弗顾，甜瓜五色，美于甘瓠。结草为庵，扶翳远树，苜蓿绵芊，荞麦锦互。（其四）

鹅为鸭长，率游于池，悠悠远岸，漠漠杨丝。人牛昼卧，高树荫之，赤日不到，清风来吹。（其五）

这些诗，不深入民间，是无法描摹得如此生动逼真的。这恰是在板桥治理下和平安宁的范县在艺术中的再现。板桥对民情细琐的精心描摹，乃在于他喜爱没有官吏侵扰的民间质朴、安宁的生活。这种生活亦正是中国古代的仁人志士所一心向往的田园牧歌图的展现，而且在一定程度上也是孟子理想的小农安乐图的生动体现。《范县诗》其二描摹了采桑人家姐弟共同劳动的欢乐场景，诗的结尾则表达了"暖老怜童"的善良愿望。"桑下有梯，桑上有女，不见其人，叶纷如雨。小妹提笼，小弟趋风，掇彼桑葚，青涩未红。既养我蚕，我市我茧，杼柚（轴）在堂，丝絮在柘。暖老怜童，秋风裁剪。"这里，板桥表达的虽然仍是一种自给自足的自然经济条件下的生活场景，但这种农桑生活已经包含有一定商品经济成分，卖织丝的原材料——蚕茧，又在家中织锦。显而易见，这已不是往日纯粹的"自然经济"生活了。

板桥毕竟是板桥，他没有抹杀封建官府管辖下的广大村民与官府的矛盾，亦没有忘记广大百姓春耕秋收的辛苦生活。《范县诗》第六首，在平静的描述中，揭示了农人生活的辛苦："九月霜花，雇役还家，腰镰背谷，脚露肩霞。"当然，这种劳动的辛苦，主要是来自天气的寒冷，起大早，冒严寒，但还没有官吏的侵扰，是苦中有乐："遥指我屋，思见我妇，一缕晨烟，隔于深树。牵衣献果，幼儿识妇。"而真正的痛苦乃在于贪官污吏的敲诈。"长吏出收租，借问民苦疾。老人不识官，扶杖拜且泣。官差分所应，吏扰竟何极。最畏朱标签，请君慎点笔。贪者三其租，廉者五其息。"这种超出正常的赋税支出，以及高利贷的盘剥，是导致民众困苦的社会原因。板桥以此来劝诫当官的人，要慎点"朱签"，关心民众疾苦。诗的寓意浅显、明白，具有很强的可读性，与白居易的"新乐府"诗相似。

《范县诗》还写出地方上的婚嫁风俗。由于贫寒，有的人四十才娶妇，甚至有人年届六十，还娶不上媳妇，而有的富裕农村，则十五行聘礼，十七便结婚。民情的参差不齐，恰好道出了"盛世"中的贫富不均状况，使后人能比较全面地认识康雍乾三朝的实际生活情况："钱十其贯，布雨其端；四十聘妇，我家实寒。亦有胜村，童儿女孙；十五而聘，十七而婚。"而有的贫寒人家："六十者佣，不识妻门。笼灯异彩，终身为走奔。"

《范县诗》，比较全面地反映了下层人民的生活，亦表现了板桥对民情体察的深入。以诗写史，的确有《诗经》之遗风，杜甫之精神。像《平阴道上》所描摹的"渔者以渔，耕者以耕，高原妇馌，墟落鸡鸣"，都带有陶诗的田园风味。而《和高相公给赈山东，道中喜雨并五日自寿之作》，亦表达了板桥与民情相感通的一面："村村布谷催新绿，树树斜阳送晚凉。多谢西南云一片，顿教霖雨遍耕桑。"这是板桥在潍县做宰第三个年头写下的诗，反映了潍县人民在旱灾后得雨的喜悦心情。晚年回真州后所作的《真州杂诗八首并及左右江县》以及《真州八首，属和纷纷，皆可喜，不辞老丑，再叠前韵》中，都有描摹民情之作，《真州杂诗》其一云："春风十里送啼莺，山色江光翠满城。曲岸红薇明涧水，矮窗白纸出书声。"描绘了江南农村耕读结合的生活画面。其二云："村中布谷县中啼，桑柘低檐麦陇齐。新笋劚来泥未洗，江鱼买得酒还携。山花雨足皆含笑，絮袄春深欲换绨。何限农家辛苦事，渐看儿女满町畦。"诗人看出了农民生活的辛苦，没有完全将田园生活诗化。《真州八首，再叠前韵》其二云："最是老农闲不住，墙边屋角韭为畦。"展示了农民的勤劳以及寸土必争必用的节俭精神。其三云："满塍新绿燕参差，正是秧针刺水时。陌上壶浆酬力作，田中么鼓唱盲辞。"与陶渊明的田园诗相比，板桥的这些田园诗作，主要描写农民的耕作生活及心理感受，社会的和睦安宁的一面，不像陶氏的田园诗着重抒发的是个人的感受。板桥的喜乐之情，是从民众的喜之情中体现出来的。这种"乐民之乐，忧民之忧"的感情，正是正直士人"与民同乐同忧"的理想之体现。

在板桥词中，早期所作的《田家四时苦乐歌》，以季节为线索，描摹了广大下层民众四时的苦和乐，展示了板桥对农民生活的深切了解。春天，农家耕作，早起晚归，辛苦异常；但是，农村的自然风光，自足生活，劳动后的质朴人情交往等，则又令人怡然自乐。

细雨轻雷，惊蛰后和风动土。正父老催人早作，东畬南圃。夜月荷锄村犬吠，晨星叱犊山沉雾。到五更惊起是荒鸡，田家苦。

疏篱外，桃花灼；池塘上，杨丝弱。渐茅檐日暖，小姑衣薄。春韭满园随意剪，腊醅半瓮邀人酌。喜白头人醉白头扶，田家乐。

夏天，农民插秧、耘苗、车水、汗滴禾根；养蚕忙坏农家妇，男耕女织生活并不是艺术中的浪漫，而是高强度的体力劳动，既劳累又辛苦。只有在风调雨顺之际，农村的瓜果丰收，农人在收工之余，嬉笑说话，才有一番生活情趣与自在的乐趣。这种乐趣与自在，必须不受官家赋税的干扰。诗人用细腻的笔调，描绘了农家劳动过程中的苦和乐。

麦浪翻飞，又早是秧针半吐。看垄上鸣橰滑滑，倾银泼乳。脱笠雨梳头顶发，耘苗汗滴禾根土。更养蚕忙杀采桑娘，田家苦。

风荡荡，摇新箬；声淅淅，飘新箨。正青蒲水面，红榴屋角。原上摘瓜童子笑，池边濯足斜阳落，晚风前个个说荒唐，田家乐。

农民们劳动场面的热烈,乡村里人情的和融,劳动者的乐观心态在这里都得到了很好的表现。秋天的田家苦乐则又是另一番景象。

云淡风高,送鸿雁一声凄楚。最怕是打场天气,秋阴秋雨。霜穗未储终岁食,县符已索逃租户。更爪牙常例急于官,田家苦。

紫蟹熟,红菱剥;桄桔响,村歌作。听喧填社鼓,漫山动郭。挟瑟灵巫传吉兆,扶黎老子持康爵。祝年年多似此丰穰,田家乐。

秋季的田家之苦,不仅有劳动上的紧张,更有官府的催租逼税之爪牙,这使得农人身心俱感疲惫。只是在没有官府侵扰的情景之下,人民按照自己的风俗庆祝丰收,才表现出一派欢乐景象。这里,已明显地含有对胥吏扰民行为的批判之意,体现了板桥的"民本"思想。

冬天的田家苦乐,则是与农村恶劣的生活条件与农民的生活习惯联系在一起。

老树槎丫,撼四壁寒声正怒。扫不净牛溲满地,粪渣当户。茅舍日斜云酿雪,长堤路断风吹雨。尽村舂夜火到天明,田家苦。

草为楊,芦为幕;土为铛,瓢为杓。砍松枝带雪,烹葵煮藿。秫酒酿成欢里舍,官租完了离城郭。笑山妻涂粉过新年,田家乐。

"四时苦乐歌",比较典型地再现了农人的劳动、生活中的苦乐内容。只有对农村生活有切身感受的人,才能辩证地体会出农人生活的苦乐。"四时苦乐歌"也比较真实地反映了盛世太平社会农人生活的一般情况。板桥将自己的这种新型词体称之为"过桥新格",的确有他的新颖之处。值得注意的是,板桥在描写农家生活的哀苦时,总离不开对官府租税、常例问题的揭露。这既是他早年在农村中生活的真实见闻,亦是他当官之后的切身感受。封建官府对于自给自足的农民来说,往往是弊大于利。农民的生活之苦,除了来自农业生产本身,以及恶劣的自然条件外,其中一苦就是封建官府的租税、常例敲剥之苦。有时,这种痛苦更甚于劳动和自然灾害百倍,上文所举即是例证。板桥诗词,对下层民众生活的苦乐状况的细腻描摹,既展示了板桥关心民瘼的"仁爱"情怀,亦体现了他对现实生活认识的深刻程度,这在清中叶的诗坛上,可谓是独树一帜的。他的诗既继承了杜甫、白居易诗歌关心现实的优良传统,又使陶渊明的"田园诗"充满了丰实的现实内容,而不只是文人士大夫厌恶官场,追求世外桃源的理想化反映。板桥在《述诗二首》其二中说道:"经世文章要,陋诸家裁云镂月,标花宠草。纵使风流夸一世,不过闲中自了,那识得周情孔调?"对那些风花雪月,独自吟哦个人的得失悲欢的六朝诗歌,板桥表示了极大的鄙视之情。在《偶然作》中,板桥说道："文章动天地，百族相绸缪，天地不能言，圣贤为咙喉。奈何纤小夫，雕饰金翠稠，口读《子虚赋》，身著貂锦裘，佳人二八侍，明星灿高楼，名酒黄羊羹，华灯水晶球。偶然一命笔，币帛千金收，歌钟连戚里，诗句钦王侯，浪膺才子称，何与民瘼求！所以杜少陵，痛哭何时休！"对当时诗坛、文坛上的歌颂功德，粉饰太平，抒发矫情的所谓才子等的作品给予猛烈地抨击。他还批评了当时官方史学著作中缺乏实录的弊病，自觉地用诗歌记下了盛世生活中的苦难一面："秋寒室无絮，春雨耕无牛。娇儿乐岁饥，病妇长夜愁。推心担贩腹，结想山海陬。"而对当时社会的虚伪，以及官方征戍对人民造成痛苦的一面，板桥亦有揭露："衣冠兼盗贼，征戍杂累囚。"这些，均体现了板桥诗歌所具有的"史诗"性格。

（三）为小人物立传

在板桥的诗作中，有相当一部分诗，揭示了"康乾盛世"下层社会的苦难一面，并为一些有德或有才的"小人物"立传，希望使他们流芳百世，不致因时间的流逝而被淹灭。这些诗作无疑是了解康乾时代不可或缺的历史材料。板桥之所以如此，是因为他感到当时的史家没有忠实地记下历史的另一面，故而以诗为史，为小人物立传，为下层人民的生活立传。板桥对当时史学界的门户之见以及文字狱横行的政治高压，极为不满，作诗批评道："白发更饶门户计，黄金先买史书名。焚香痛哭龙门叟，一字何曾诳后生！"歌颂司马迁的实录精神，批评当时篡改史实的不良风气："历览前朝史笔殊，英才多少受冤诬！一人著述千人改,百日辛勤一日涂。忌讳本来无笔削,乞求何得有褒诛?唯余适口文堪读,惆怅新添者也乎。"力求用浅显易懂的文字,忠实地记录历史事实。范县所作《绝句二十一首》,以组诗形式刻画了二十一位诗人、书画家或一般小人物的精神风貌,艺术成就和人生态度,这是板桥自觉地以诗为史的系列作品。其中有些人已入清史艺文传内,但有些人则没有,故板桥的这些史诗对于了解江南中下层的部分士人的精神状态,大有裨益。绝句中傅雯、潘西凤、边维祺、郭沅、音布、周景柱、董伟业、申甫等人,皆属一般的平民,板桥用绝句一一刻画出他们的人生绝技。傅雯,乃间阳布衣,工指头画,尤其擅长画鹰,师法高且园——高其佩先生。"长作诸王座上宾,依然委巷一穷民。年年卖画春风冷,冻手胭脂染不匀。"潘西凤,精于竹刻,从潘的技艺中可看出他的才学,而对"处处逢人劝读书"应付科举考试,以求一官半职的世道来说,真正有才学的人反而不去应考,应考也不一定能被选中。由此可见科举考试内容的狭窄,影响了人才的上进之心。所谓世道衰微,而真正的才学之士则遗落民间:"年年为恨诗书累,处处逢人劝读书,试看潘郎精竹刻,胸无万卷待如何!"郭沅,工制艺,"点染诗书万卷开,丹黄如绣墨如苔,客来相对无言说,文弱书生小秀才"。诗中的郭沅是一个特殊人物,他十分擅长评点科举考试的文章,且不善言辞。然而就是这个"工制艺"的人物,却还只是一个秀才。那么,那些考上举人、进士的,又是一些什么样的人物呢?或者说他们是通过什么途径考上的呢?此首诗不是有点耐人寻味吗?

音布，善书，而一生潦倒不遇，凄凉死去。板桥除作七绝句以赞其书法成就外，另有长诗《音布》一首比较详细地介绍、评价了其书法艺术成就及其人品，对乡里小儿得志骄人，以家世、科举论人的时代风气做了抨击。《音布》诗云：

> 昔予老友音五哥，书法峭崛含婀娜。
> 笔锋下插九地裂，精气上与云霄摩。
> 陶颜铸柳近欧薛，排黄铄蔡凌颠坡。

这是对音布艺术成就的评价，虽有夸大，然亦说明音布的艺术成就非凡。接着又对音布的书法特征及其人格个性做了生动描述："时时作草恣怪变，江翻龙怒鱼腾梭。"而对乡里小儿大谈科举之事，音布嗤之以鼻，以至亲属之间产生激烈的矛盾。至老时，与世隔阂更深，以至被革去秀才之名去充当骑卒。然此时的音布仍然对书法艺术醉心不已，在老兵健校面前奋笔疾书，让他们去卖钱换点粮食。这样一位坚决反抗科举的民间书法家，以其坚强的意志，执着于书法艺术追求，最后是穷困潦倒而终其身。诗云：

> 乡里小儿暴得志，好论家世谈甲科。
> 音生不顾辄嚏唾，至亲戚属相矛戈。
> 逾老逾穷逾怫郁，屡颠屡仆成蹉跎。
> 革去秀才充骑卒，老兵健校相遮罗。

这位不得志于官场的民间书法家，在下层人民中颇受欢迎。"群呼先生拜于地，坒酒大肉排青莎。"音布亦喜爱下层人民的豪爽，大碗喝酒，酒后则放纵艺术灵感：

> 音生瞠目大欢笑，狂鲸一吸空千波。
> 醉来索笔索纸墨，一挥百幅成江河。
> 群争众夺若拱壁，无知反得珍爱多。
> 昨遇老兵剧穷饿，颇以卖字温釜锅。

这位遭排挤的艺术家，人民谈论起他则是：

> 谈及音生旧时事，顿足叹恨双涕沱。
> 天与才人好花样，如此行状应不磨。

当然，作此诗时，板桥已为范县县令，是科举中人，不想也不便贬低进士们，只是称音布为"非公辅器"似的人物。但板桥认为，让他去山林点缀云霞，在其他方面获得自己应有的价值，则是合理的。这实际上已经含蓄地批评了科举取士标准的狭隘性。诗云："此等自非公辅器，山林点缀云霞窝。泰、岱、嵩、华自五岳，岂无别岭高嵯峨。"诗人面对老友音布穷困潦倒的命运，无可奈何，只能以诗作史，"大书卷帙告诸世，书罢茫茫发浩歌"。

与《儒林外史》相比，板桥在《音布》一诗中对科举制度的批判显然比较含蓄、温和。但诗中的真实人物音布反抗科举的激烈态度，则可以作为《儒林外史》的注脚。真实历史人物音布与艺术形象杜慎卿，可以相互发明。

董伟业，是清代中期的文学家，其所作的《竹枝》九十九首，在当时并不被文坛认可。板桥则认为《竹枝》可传可谈，大加推崇。"百首新诗号《竹枝》，前明原有艳妖词，合来方许称完璧，小楷抄誊枕秘随。"在乾隆五年九月朔日的《扬州竹枝词序》中，对董伟业的《竹枝词》做了高度评价，认为"董子调侃之文，如铭如偈也"。

对无名诗人申甫不计眼底微名，以诗歌创作为乐趣的行为，板桥大加称颂：

男儿须斗百千期，眼底微名岂足奇。
料得水枯青石烂，天涯满诵笏山诗。

在板桥的诗词中，还有一些诗词，专门为不知名的词作家或遭人排斥的书画家立传，体现了他独到的史学眼光。在《题陈孟周词后》的诗及序中，对民间瞽人陈孟周的词大加推崇，并很谦虚地说，读了陈的词后，觉得自己的百首词作不必保存了，并录了陈的两首词。这对文名、书名、画名已经满天下的郑板桥来说，如此推重民间无权、无势、无名的词人之作，实在是襟怀坦白，内行醇厚，乐于助人。此处仅录陈孟周《忆秦娥》词一首：

何时了，有缘不若无缘好。无缘好，怎生禁得，多情自小。

重逢那觅回生草，相思未创招魂稿。招魂稿，月虽无恨，天何不老。

由所录的陈词可以看出：板桥对陈的词作所作的赞语，是十分认真、严肃的，可见板桥是认真阅读了陈的词作后给出的中肯评价。其诗云：

世间处处可怜情，冷雨凄风作怨声。
此调再传黄壤去，痴魂何日出愁城。

将陈词的婉转哀丽之神传达出来了。

在《江七姜七》长诗中，对扬州江七和如皋姜七的书、画，做出了认真的评价，并以自己的人格向世人担保，我郑板桥所做的艺评绝不是一般世俗文人的吹吹拍拍，相互抬高。这既体现了板桥对后学奖掖的忠厚情意，亦表现了他对艺术的严谨认真态度。姑录其诗，以见板桥之真意：

扬州江七无书名，予独爱其神骨清，欧阳体质褚性情，藐如冰雪光莹莹，如皋姜七无画名，予独爱其坚秀明，梧桐月夜仙娥，如闻叹息微微声。（赞姜七对画中人物神态描绘逼真，由此可见姜七之画的艺术造诣）……江书姜画悬臬桄，欧干卞壁湘秋蘅。或予谬鉴双目盲，请呼老秃嗤残伧。

板桥之所以对一些虽无名，却有诗才、书才、画才的青年后学或民间艺人大加推崇，大约与他青壮年落拓扬州的艰难人生经历及处世原则有关。他不愿这些有真才实学而无金钱、权势的人们湮灭无闻，他要凭借自己已有的社会声望来推荐后学或民间艺人，希望社会能早日承认他们的价值，不要像他板桥那样，长期被社会漠视。在《淮安舟中寄舍弟墨》中，他道出了自己的为人处世原则："愚兄平生漫骂无礼，然人有一才一技之长，一行一言之美，未尝不啧啧称道。"这一不掩人之美、不妒人之长的宽大襟怀，真可谓光风霁月，百代可钦！而板桥之骂人，却正是他正直人格的另一面：疾虚疾假、疾权势、疾金钱的表现。不能骂便不能赞，这亦是传统正直的君子人格——"能爱人能恶人"的生动体现。

三、"每到山青水绿处，自谴自歌"
——板桥诗词中的自然情调与出世情怀

自然与名教，在传统文化中是对立的两极。在学术流派上，表现为道家与儒家的对立；在艺术创作上，表现为发愤抒情传统与经邦济世传统的分野；在人生态度上，表现为逃逸现实矛盾、批判现实功名利禄与积极用世、建功立业的不同价值取向。板桥诗中的自然情调与出世情怀，恰是他企图逃逸现实矛盾，实现个人的自在、闲适生活方式的心理在诗歌艺术中的流露。这些诗歌，亦恰恰是他赠禅宗及道士等一些方外朋友的抒情之作。

在一些描写山光水色、野村荒店之作中，板桥流露出了浓厚的遁隐倾向。这是他受道家传统和陶渊明等隐士传统影响的结果。《山色》一诗，借写山光水色之美，渔家生活的辛苦，表达了一种欲出世又不甘心的矛盾心情：

> 山色清晨望，虚无杳霭间。直愁和雾散，多分遣云攀。
> 流水澹然去，孤舟随意还。渔家破蓑笠，天肯令之闲！

诗人既羡慕晨雾缭绕，流水澹然，孤舟随意的自在、闲逸生活，但一看到渔家身着蓑笠，辛勤撒网捕鱼的生活情景，立刻醒悟到：他们并不能真正闲逸，不仅要为自己的生计辛勤劳动，甚至还要面对官府的租税。美好的遁隐愿望一下子又化为乌有。

然而，山村无租无税的生活毕竟比之于官场的倾轧，都市的浮华、势利更能适性怡情，《寄许生雪江三首》（其三）便表达了这种愿望："不舍江干趣，年来卧水村。云揉山欲活，潮横雨如奔。稻蟹乘秋熟，豚蹄佐酒浑。野人欢笑罢，买棹会相存。"自然风景如画，乡村人情质朴，当然使人倍感轻松、自在、愉快、舒心。这与陆游的诗所描绘的乡村生活场景，有惊人的相似："莫笑农家腊酒浑，丰年留客足鸡豚。山重水复疑无路，柳暗花明又一村。箫鼓追随春社近，衣冠简朴古风存。从今若许闲乘月，拄杖无时夜叩门。"与陶渊明的田园诗亦有精神上的相通："春秋多佳日，登高赋新诗。过门更相呼，有酒斟酌之。农务各自归，闲暇辄相思。相思则披衣，言笑无厌时。"中国传统文人对乡村田园生活诗情画意的赞美，往往都是对自由自在生活的理想化表达，从而反衬出官场、上流社会的污浊、肮脏。特别是组词《瑞鹤仙》对渔家、酒家、山家、田家、僧家的赞美，与对宦家、帝王家的鄙视、诅咒，更表现了板桥的遁世情怀。

《瑞鹤仙·渔家》，对真实的自然、质朴的渔家生活做了热情的歌颂，而把渔家的自在生活描绘得有如神仙的日子。

> 风波江上起，系扁舟绿杨，红杏村里。羡渔娘风味，总不施脂粉，略加梳洗。野花插髻，便胜似宝钗香珥。乍呼郎撒网鸣榔，一棹水天无际。

最为自由的是：打得了满筐鱼虾，换来美酒，夫妇同归，"人与沙鸥同醉。卧苇花一片茫茫，夕阳千里"。其他如《酒家》《山家》《田家》《僧家》，皆着意歌颂自由自在的生活。《酒家》表达了一种蔑视功名的超越情怀："知否？世间穷达，叶底荣枯，卦中奇偶。何须计较，捧一盏，为君寿。"《山家》表达的是一种自在情调："也不须服食精黄，能闲便好。"《僧家》表达的是一种放纵、自由的情怀，超越任何清规戒律："非矫，也亲贵胄，也踏红尘，终归霞表。……向佛前烧炷香儿，闲眠一觉。"

然板桥《田家》中的生活描写最为切实动人，对农家生活最

为理解,《田家》云:

> 江天春雨后,傍山下人家,野花如绣。平田大江口,春潮来夜半,土膏浸透。青秧绺绺,埂岸上撒麻种豆。放小桥曲港春船,布谷烟中杨柳。

这样的宁静田家生活,最害怕的是官吏扰乱:"株守,最嫌吏扰,怕少官钱,惟知农友。"板桥之情与农人之情融为一体,乐民之乐,忧民之忧,体民之心:"每长吁稚女童孙长大,婚嫁也须成就。"这种世俗生活在板桥笔下最为生动、具体。

寻求志同道合者之间的会心一笑,是传统文化中深受道家思想影响的士大夫梦寐以求的现实人生境界。板桥在《瓮山示无方上人》一诗中,便表达了对"观鱼濠上是天游"的人生境界的向往。"观鱼濠上",其典出于《庄子·大宗师》,该故事是讲庄子与惠子在濠上观看游鱼之乐而发生一场关于人如何认识自然对象的哲学探讨。板桥引用此典,则是主要取意于志同道合者之间谈玄论道的惬意生活意境。当板桥高中进士,摆脱了科场之困之后,已往佛门诗僧与道家的诗友,便成了他抒发出世情怀的最好对象。《赠瓮山无方上人二首》极写僧居的美妙、幽静、自适,其一写山僧居住环境之美道:"山裹都城儿,僧居御苑西。雨晴千嶂碧,云起万松低。天乐飘还细,宫莎剪欲齐。"其二既写无方上人的禅机深妙,亦写其自在的种菜生活:"一见空尘俗,相思已十年。补衣仍带绽,闲话亦深禅。烟雨江南梦,荒塞蓟北田。闲来浇菜圃,日日引山泉。"

无论是乡间田园风光,还是山间水旁的自然风光,对于一个崇尚个性、追求自由的诗人来说,都能引起他的赞美、向往之情,必歌咏之而后快。所谓"我见青山多妩媚,料青山、见我应如是"。这种物我交融、物我无间的审美境界,实际上是一种淡泊情怀与自然之美的对话,亦可以说在美丽的自然中自由人性的独白。《峄山》诗所表达的便是板桥与自然美对话,在自然美面前独白,从而发生奇想的自谴自歌情怀:

> 徐州五色土,乃在峄山下。凸凹见青黄,崩裂堕赫赭。偃蹇十里石,蓄怒卧牛马。苔斑古铜铸,黑骨积铁冶。耋然触穹苍,千峰构云夏。曲径回肠盘,飞泉震雷泻。古碑断虫鱼,老屋颓甓瓦。秋河舀可竭,寒星摘盈把。悲鸟百群叫,孤鹤万年寡。结茅此间住,万事芬可舍。山中古仙人,或有骑龙者。

诗人通过对峄山幽古景色的描绘,突发奇想:也许山中的古仙人,真的有骑龙之辈存在。

《赠博也上人》诗则深得陶诗"结庐在人境,而无车马喧。问君何能尔,心远地自偏"的韵味。诗人以远离纷嚣尘世的心态来体悟博也上人的出世情怀,从而悟到:只要与世俗保持心理距离,则人间处处是深山。板桥晚年辞官归隐,不隐于深山,不隐于田园,而隐于闹市扬州,其中原因固然甚多,然亦与这种心态及认识有关。全诗极写远离尘缘纠纷的自在自得的人生境界之美：

> 闭门何处不深山，蜗舍无多八九间。
> 人迹到稀春草绿，燕巢营定画梁闲。
> 黄泥小灶茶烹陆，白雨幽窗字学颜。
> 独有老僧无一事，水禽沙鸟听关关。

人是环境的创造者、选择者，又为环境所塑造。板桥经常出入于僧家、道士的幽居之地，且不说受他们的思想影响，就是他们居住之地幽静、无事、远离嚣尘的环境，亦足以洗濯板桥的浮躁而急于世功的入世心灵。《弘量上人精舍》《赠巨谭上人三首》《别梅鉴上人》《再到西村》等诗，便极写恬性怡情的山野与田园风光。《弘量上人精舍》二首写道：

> 渺渺秋涛涌树根，西风落叶破柴门。
> 蛮鸦日暮无人管，飞起前村入后村。
> 山门夜悄不能呼，冷烛秋船宿苇蒲。
> 残月半天霜气重，晓钟鸡唱满东湖。

这里没有人间的各种管束，人性、人心、人情如日暮的山间乌鸦，颇有蛮横无忌的狂野姿态，在山中的自然村落之间飞翔。乌鸦肆无忌惮的飞翔姿态，不正是板桥企慕自由人性之移情！在这一幽静的佛居之地，生命的存在并不需要语言，也不能用语言来表述，它要求生命用全身心的体验，去感受自然的宁静，去感受生活的静中之动，动中之静。方外之幽静与方内之热烈，对比鲜明：晓钟敲醒酣睡的过客，他带着秋天霜气洗濯过的清脆、清冷，敲醒沉睡的人性；而山村的雄鸡报晓，此起彼伏，又使人从山村的平静而又充满活力的田园生活之中汲取"今日又须从头起"的奋进力量。

《赠巨潭上人》其二、其三两首，分别描绘了山间景色之美与山中生活之闲：

其二云：

墨碟铅匙一两三，半窗画意写江南。
谁家绢素催人急，先向空中作远岚。

其三云：

寒烟袅袅淡孤村，一绺霜华界瓦痕。
睡足晓窗无一事，满山晴日未开门。

山间之美，故而别之倍感凄寒。《别梅鉴上人》所着意刻画的，则是僧房的凄清，以寓离别之凄惨：

海陵南部居人少，古树斜阳破佛楼。
一径晚烟篱菊瘦，几家黄叶豆棚秋。

> 云山有约怜狂客，钟鼓无情老比邱。
> 回首旧房留宿处，暗窗寒纸飒飕飕。

写景是为了寓情，自然的松、竹、梅、雪，都寄寓了诗人清孤傲俗的人品。《山中雪后》云："晨起开门雪满山，雪晴云淡日光寒。檐流未滴梅花冻，一种清孤不等闲。"

而当诗人再次回到自己阔别的田园之中，即使是破旧老屋亦堪居住。这里有质朴的民风，美好的人情。《再到西村》便表达了诗人的"归家"之感：

> 青山问我几时归，春雨山中长蕨薇。
> 吩咐白云留倦客，依然松竹满柴扉。
> 送花邻女看都嫁，卖酒村翁兴不违。
> 好待秋风禾稼熟，更修老屋补斜晖。

可以这样说，江南水乡的田园渔业风情与山间僧道居士的幽静景色，始终是板桥人生的精神动力及精神家园。诗中反复出现的这些意象，便构成板桥诗作中另一方面的景观，那就是自然情调与田园风光交相辉映，展示了板桥人性的丰富性。

《由光化迂曲至高邮七截句》《真州杂诗八道》和《真州八首、再叠前韵》等诗，以及《仪真县江村茶社寄舍弟》的家书等，都极写江南水乡之美，并写出了自己与这种山水之美的关系："江雨初晴，宿烟收尽，林花碧柳，皆洗沐以待朝暾，而又娇鸟唤人，微风叠浪，吴、楚诸山，青葱明秀，几欲渡江而来。此时坐水阁上，烹龙凤茶，烧夹剪香，令友人吹笛，作《落梅花》一弄，真是人间仙境也。嗟乎？为文者不当如是乎！一种新鲜秀活之气，宜场屋，利科名，即其人富贵福泽享用，自从容无棘荆。"江南水乡停战几十年，经过恢复发展，的确能给人一种生命的底气。其"新鲜秀活之气"的感性生活，极易使人们产生一种反抗正统理学禁锢人性的思想。板桥所描绘的江南水乡生活图里，就散发着一股"新鲜秀活之气"：

> 百六十里荷花田，几千万家鱼鸭边。
> 舟子掇篙撑不得，红粉照人娇可怜。
>
> 一塘蒲过一塘莲，荇叶菱丝满稻田。
> 最是江南秋八月，鸡头米赛蚌珠圆。
> （《由兴化迁曲至高邮七截句》之一、之六）

而江苏仪征县的农村生活情景则是："春风十里送莺啼，山色江光翠满城。曲岸红薇明涧水，矮窗白纸出书声。衙斋种豆官无事，刀笔题诗吏有名。昨夜村灯鱼藕市，青帘醇酒见人情。"（之一）"江头语燕杂啼莺，淡淡烟笼绣画城。沙岸柳拖骑马客，翠楼帘卷卖花声。三冬荠菜偏饶味，九熟樱桃最有名。清兴不辜诸酒伴，令人忘却异乡情。"江南水乡这种和平、安宁、富庶的生活，自然使人产生灵秀之气、饱满精神。这是一个"天净有云皆锦绣,树深无雨亦溟蒙"(《和雅雨山人红桥修禊》之三)的人间仙境,所需要的只是州县官吏不来侵扰。

而像《村居》《忆湖村》等诗,纯写江南水乡之美,充满人间的世俗之气,从而与陶渊明的田园诗意境极相似。《村居》诗写道:

> 雾树溟蒙叫乱鸦,湿云初变早来霞。
> 东风已绿发春草,细雨犹寒后夜花。
> 村艇隔烟呼鸭鹜,酒家依岸札篱笆。
> 深居久矣忘尘世,莫遣江声入远沙。

而当板桥在山东范县做七品芝麻官时,北方的旷寂与官衙的无聊,使他禁不住要思念江南水乡,《忆湖村》写道:

> 数声桃桔隔烟萝,是处西风压稻禾。
> 荻苇尘含东墅雨,鹭鸶遥立夕阳波。
> 买鱼人闹桥边市,得酒船归月下歌。
> 拟向湖干筑秋舍,菊篱枫径近如何!

出入于江南水乡和名山佛寺道观之间的郑板桥,不仅在喧嚣尘世获得了充足的人生底气,而且获得了一种在污浊肮脏的官场上所得不到的相互心领神会的人生默契。《瓮山示无方上人》诗云:"松梢雁影度清秋,云淡山空古寺幽。蟋蟀乱鸣黄叶径,瓜棚半倒夕阳楼。客来招饮欣同出，僧去烹茶又小留。寄语长安车马道，观鱼濠上是天游。"人间的相互默契、理解，即便不是在仙界里的遨游，不是神仙，亦是"地行仙"了。而这种"地行仙"就在于心灵的自由。这种心灵的自由，正是板桥诗意的不尽源泉。他可以化凡为圣，化实为虚，化实景为意境："骤雨忽添崖下水，泉声都作晚来风。"① 雨后泉水的宏大声音，化作了晚风奏响，山林人深夜起来，舀起秋潭之水，则清澈的秋潭中的月亮星星也一同被舀起："夜深更饮秋潭水，带月连星舀一瓢。"②

不过，诗人的郑板桥毕竟不是出家的和尚、道士，他虽化山间的美景、幽清为一种诗境，但毕竟从这幽清中品味出了一种清冷："参差楼殿密遮山，鸦雀无声树影闲。门外秋风敲落叶，错疑人叩紫金锒。"③ 在这寂静之中是多么希望有友人来访！而这等待人来的心境，又有多少愁秋的滋味呢："树满空山叶满廊，袈裟吹透北风凉。不知多少秋滋味，卷起湘帘问夕阳。"④ 为了消除这种生活的寂寞，只有通过宾主的相互吟哦，才能获得一种人生的快慰："宾主吟声合，幽窗夜火燃。风铃如欲语，树鹤不成眠。月转山沉雾，花深鸟入烟。朝霞铺满径，裁取作蛮笺。"⑤ 而当板桥真的厌恶官场生活之时，便作诗寄于无方上人，要求归隐深

---

① 《寄青崖和尚》。
② 《访青崖和尚》。
③ 《法海寺访仁公》。
④ 《法海寺访仁公》。
⑤ 《同起林上人重访仁公》。

167

山,以求个人心灵的安适。潍县中《怀无方上人》云:"嗟我近事如束柴,爪牙恶吏相推排。不知喜怒为何事,夜梦踢踏朝喧豗。一年一年逐留滞,徒使高人笑疣赘。我已心魂傍尔飞,来岁不归有如水。"率真的郑板桥,像孩子一样地赌起了咒,要向方外朋友发誓:归隐山林。

四、"若遇争名夺利之场,觉人觉世"
——《道情十首》与板桥诗词的历史批判意识

由于生活环境以及写作文章的心理背景不同,板桥对自己诗词的主旨概括,在不同的地方,其说法并不一致。有时是谦辞,而谦辞中亦含有对社会的批评之意,如《板桥诗刻序》云:"古人以文章经世,吾辈所为,风月花酒而已。"主要突出自己诗歌的个性特征。有时是劝词,是对自己子弟的教诲之言,如《板桥家书》及《与舍弟墨诗》中,又强调诗文要关心民生疾苦,且莫作风花酒月的无聊之作。这实际上反映了当时特殊历史环境中的历史人物的矛盾性格。他自己由于身世的艰难,走上了一条反抗世俗的道路,但他又深知世途的险恶,不愿自己的学生、子弟重蹈自己的故辙,希望他们能与人与世和融,从而获得安宁的生活。个人的善良愿望与自己内在的理性觉醒是处于矛盾之中的。这是中国早期启蒙人物共有的心理状态。只是不同的人其表现形式有激烈与温和、妥协与不妥协、妥协程度大小的区别。像徐渭、李贽、傅山等人,就是激烈地反抗世俗的斗士,而像汤显祖就显得较温和，而公安三袁之中的袁宏道则始终在反抗与妥协之间徘徊。板桥属于那种不妥协但时有温和表现的人物。这与康雍乾的时代背景、文化氛围密切相关，亦与板桥个人的具体生活情境有关。当他在人生失意之时，在官场不顺心之时，他反抗世俗，要求自由自在的激情与出世情怀就十分强烈，其诗词创作就表现出"觉人觉世"的批判特征；而当他得意之时，则表现出关心民瘼的仁者情怀。

青壮年一直落拓不遇的郑板桥，对人生的世态炎凉保持着高度的警觉心理。那种仿佛"美人迟暮"的情怀，始终萦绕在壮年中举、晚年得官的板桥心头。他有时有一种荒谬感，在死亡面前，什么"马上旌旗"，什么"街头乞儿"，统统"一样归乌有"。这一独特的人生感受，构成了板桥词"觉人觉世"的最基本内容。

《西江月·警世》三首，分别从社会不公正、世态炎凉和世人的愚痴三个维度，揭示了名不足恃、势不足恃、富豪奢侈不足恃的道理。既然从古至今，"英雄半在红尘"，那么就不如放纵酒怀，淡卧旗亭，静看苍山暮影，料他俗子亦难登青史："俗子几登青史，英雄半在红尘。酒怀豪淡卧旗亭，满目苍山暮影。"（其一）既然"美人头上插新梅，昨日花枝不戴"，就不要贪恋富贵，迷恋旧情，以免得"醉中丢我在尘埃，醒后也无瞅睬。"（其二）不要学那痴愚富儿，忘却父辈穷困，在"绿酒红裙"之前，"争春不肯让毫分"，最后剩下黄粱一梦。不要学那"金台名利客"，"略啖腥膻滋味，便忘却田家甘旨"（《食瓜》）。试问："五色嘉瓜美,问东陵故侯安在?"(《食瓜》),只剩下"圃园残废"。在死亡面前:"马上旌旄,街头乞儿,一样归乌有。达将何乐,穷更不若株守。"(《劳劳亭》)

相对于曹雪芹《红楼梦》中的"好了歌"来说,板桥的这些"觉人觉世"词作还只是正面劝解,缺乏足够的讽刺意味。这与他没有完全与富贵名利绝缘的生存状态密切相关。

最能体现板桥词的历史批判意识的,是《道情十首》和《官宦家》《帝王家》两首。

《道情十首》是板桥第二次进京失意后的作品,该作品经过反复修改,然后才付梓问世,这就是为什么有各种不同的《道情十首》版本的缘故。这既表现出了板桥对创作的认真态度,亦表现他心中时时回荡着出世与归隐的旋律。作品通过一系列典型的隐士及失意人的形象,肯定了消极自由的生活,否定了历史上帝王将相的功名业绩,最后是彻底否定科举,归隐深山。他在乾隆二年所题的《道情十首》跋语中说的"人生把鼻",即是人生的终极价值关怀,是刻骨铭心的精神取向。《道情十首》有四首歌颂绿水青山和田园山村生活之词,这些词从另一方面表达了板桥觉人觉世的意识。其一云:

老渔翁,一钓竿,靠山崖,傍水湾,扁舟来往无牵绊,沙鸥点点轻波远,秋港萧萧白昼寒,高歌一曲斜阳晚。一霎时波摇金影,蓦抬头月上东山。

该词塑造了一个隐遁的渔翁形象，他自在、自乐、自遣、自歌，在与自然的和谐共处之中，享受着天地的美景，沙鸥飞翔，荻芦萧萧，斜阳倚处人放歌，水波倒映落霞，月光洒照天地。静中之美、静中之乐，反衬出官场之中的喧嚣、嘈杂。从而唤醒名利场中的人们，赶紧回头，勿恋名利客栈。

第二首，则是通过樵夫的形象，诉说了历史变迁，功名业绩易逝的感伤情怀，从而否定了现实争名夺利行为的价值，肯定了避世自存的好处：

老樵夫，自砍柴，捆青松，夹绿槐，茫茫野草秋山外。丰碑是处成荒冢，华表千寻卧碧苔，坟前石马磨刀坏。倒不如闲钱沽酒，醉醺醺山径归来。

头陀的生活虽然寂寞、清冷，但有一种自适的感觉，没有官府租税烦恼，可以说是一种寂寞的自由：

老头陀，古庙中，自烧香，自打钟，兔葵燕麦闲斋供。山门破落无关锁，斜阳苍黄有乱松，秋星闪烁颓垣缝。黑漆漆蒲团打坐，夜烧茶炉火通红。

老道人则是过着一种自由自在、浪迹天涯的生活。他来无踪，去无影，出入于市井之中，以自己的技能谋得生活资源：

> 水田衣，老道人，背葫芦，戴袱巾，棕鞋布袜相厮称。修琴卖药般般会，捉鬼拿妖件件能，白云红叶归山径。闻说道悬岩结屋，却教人何处相寻？

板桥这些肯定樵夫、渔翁、道人、头陀生活的词作，从反面映衬官场权势、人间富贵生活的无价值，要人们放弃对富贵的执着。而词中还有老书生、小乞儿、山村隐士等失意人形象，则警示人们：世俗社会的世态炎凉，荣衰交替的生活是无意义的，不如一贯清贫、自在的生活更能令人心安。在乾隆二年所书《道情十首》的卷首语中，称自己的作品"倒也踢倒乾坤，掀翻世界，唤醒多少痴聋，打破几场春梦"。这种觉人觉世的意识，实际上是板桥自己失意情怀的理性升华。

板桥诗词中的觉世意识，还表现在对现实权势、富贵无常的正面批判方面。组词《瑞鹤仙》中的《官宦家》《帝王家》两首，《满江红·金陵怀古》《西江月·警世》三首，《念奴娇·金陵怀古十二首》中的《石头城》《劳劳亭》《洪光》等词，都表达了一种正面警世人生的意义。

《官宦家》一词，上阕前半部写官宦之家的富贵热闹，结束两句突然笔锋一转，写衰败、冷清景象。下半阕写人们对贫贱富贵交替的反省，得出了富贵权势终成画饼的悲观结论，与《红楼梦》对富贵黄金终成粪土的认识有惊人的相似之处。词云：

> 笙歌云外迥，正烛烂星明，花深夜永。朝霞楼阁冷，尚

牡丹贪睡，鹦哥未醒。戟枝槐影，立多少金龟玉笋。霎时间雾散云销，门外雀罗张径。

猛省，燕衔春去，雁带秋来，霜催雪紧。几家寒冻，又逼出，梅花信。羡天公何限乘除消息，不是一家悭定。任凭他铁铸铜镌，终成画饼。

《帝王家》则更进一步批评了专制家天下的自私自利特征，指出任何王朝都将终归覆灭的命运。这种警世之理可谓深刻，由此可以看出道家超逸、逃隐的深刻之处，亦可以看出板桥心里对封建王朝带有一种彻底的悲观失望之情。① 词云：

山河同敝屣，羡废子传贤，陶唐妙理。禹、汤无算计，把乾坤重担，儿孙挑起。千祀万祀，淘多少英雄闲气。到如今故纸纷纷，何限秦头汉尾。　休倚，几家宦寺，几遍藩王，几回戚里。东扶西倒，偏重处，成乖戾。待他年一片宫墙瓦砾，荷叶乱翻水。剩野人破舫斜阳，闲收菰米。

这两首极富批判意识的词，在清朝陈廷焯的《词则·放歌集》中，则不置一词，而只拣了与此内容相似，但流于一般的

---

① 当然，亦应看到板桥思想的矛盾之处，像《种菜歌》《后种菜歌》《方景两先生祠》《君臣》等诗词，都带有明显的忠君思想。我们主要抓住历史人物进步的一面，揭示历史发展的趋势。

《满江红·金陵怀古》一词加以品评，这更从一个侧面表明这两首词所包含的极强的批判意识。

《满江红·金陵怀古》在凭吊明王朝的历史追忆之中，感叹王朝覆灭的必然命运，抒发了富贵权势不常在，只留下青山绿水、古碑荒冢，徒增后人凄切的觉世之情。陈廷焯评该词云："上下千年，流连凭吊。遣词琢句，俱极凄警。"这实际上只是一般的评语，对词中凭吊明王朝的具体情感不敢置一喙于其间。实际上，《金陵怀古》还只是板桥四十岁左右的作品，其对历史上王朝兴衰的认识还只停留在一般的历史循环论上，不及晚年对封建专制的私有制家天下批判的思想深刻。《官宦家》《帝王家》两首词，包含着对封建王朝灭亡的必然性的深刻理性批判意识，不只是一般的感伤。将《金陵怀古》在此录下，读者自做比较即知：

> 淮水东头，问夜月何时是了。空照彻飘零宫殿，凄凉华表。才子总缘杯酒误，英雄只向棋盘闹。问几家输局几家赢，都秋草。　　流不断，长江渺，拔不倒，钟山峭。剩古碑荒冢，淡鸦残照。碧叶伤心亡国柳，红墙堕泪南朝庙。问孝陵松柏几多存？年年少。

当然，像板桥这种笼统地批判封建王朝的思想，不足以揭示社会历史运动的规律。但在"康乾盛世"而唱衰世之歌，则是非具有一定的清醒历史意识、批判意识的人所难以做到的。而最为可贵的是，这种批判意识在板桥的诗词中占有极其重要的位置，且反反复复出现，体现了板桥超越时人之处。《金陵怀古十二首·洪光》一词，借凭吊明王朝，批评马士英、阮大铖之流误国，得出了对统治者不利的结论："国事兴亡，人家成败，运数谁逃得。"而板桥比时人看问题更深刻之处在于：他认为从太平时代隆庆、万历开始，就已种下了明王朝覆亡的祸种，"太平隆、万，此曹久已生出"。

大约是看出封建王朝的衰亡的命运，故而板桥想跳出具体王朝功名业绩的束缚，而寻找一种更为永久的事业，这一事业便是为民众代言、为民众立功。他要用掀天揭地之文，呵神骂鬼之谈，为百姓鸣不平，为农夫伸正义，为士人"竖脊骨"。故而一朝为官之时，板桥能不畏权势，为民立功，以善恶兼容的博大胸怀来处理天下、人间之事。

第六章 『震电惊雷之字』
——板桥书法、篆刻及书论

书法艺术,在中国源远流长,其艺术风格的变化、审美标准的变迁,无一不与时代风气密切相关。魏晋之时,随着汉学的衰微,玄学、佛学的兴起,书法亦由汉隶的古朴,蜕变为魏晋的清秀、飘逸,以钟繇、王羲之为代表的魏晋书法,实际上是魏晋时代士人及其审美情趣的反映。钟繇为三国魏人,其字体变隶书扁肥为瘦长,首开新书风。王羲之则继承了钟繇的风格,使新书体趋于完美。这是魏晋书法的主流。而另一方面,以佛教的各种造像和帝王将相、王公大人生平为内容的碑刻艺术,则成为魏晋书法的潜流。像《爨龙颜碑》《瘗鹤铭》《郑文公碑》《张猛龙碑》

等，对后来书法家影响极大。这一潜流，与汉代的隶书一起，共同成为后代书法家突破主流书法艺术的不尽艺术源泉。

唐代是中国书法艺术又一高峰时期。这一时期的书法，就整体的审美情趣来说，以"法度森严"为主旋律，但不同的艺术家，其表现"法度"的审美形式则风格各异。唐初有虞世南、欧阳询；唐中期有颜真卿、柳公权，而这一时期，真、草、隶、篆皆有大家出现。但是在官方，并没有定于一尊，也没有一定要强求用何种书法作为考试的字体，因此，艺术是在相对自由的竞争状态中发展着。故唐人书法，虽各有法度，而不死于"法度"之下。在"法度"与"自由"二者之间，保持着较好的张力，这要归功于唐代相对宽松的文化政策。

两宋的书法艺术，仍然是继唐代文化之遗绪，呈现出多彩多姿的局面，北宋中叶的"苏、黄、米、蔡"四大家，对以后的文人书法产生了极大的影响。入明以后，伴随着专制政治在文化方面严厉政策的出现，书法艺术亦表现出定于一尊的趋势。作为科举制度的衍生物，明代"台阁体"书法的出现，使占社会主流的官方书法失去了应有的艺术生命力：千人一面的规矩、法度，彻底地扼杀了书法艺术的个性生命。只有少数的一些士人，他们坚持着自己的个性，使明代书法仍然保持着应有的生命力。像文徵明、祝允明、唐寅、徐渭、董其昌等人的书法，还能保持一定的个性。但就整个时代的书法艺术成就来说，明代书法艺术不及两宋，更无论唐、魏晋。

入清以后，伴随着清政权的稳定，思想学术渐趋定于一尊，文化专制的力量亦渐呈强音。板桥所处的康雍乾时代,在上流社会中盛行的仍然是类似明代"台阁体"的"馆阁体"书法,康熙、乾隆的书法大体是馆阁体的"秀、润、圆、光"。伴随着专制政治而来的文化政策,学术、艺术上的复古主义思潮亦愈演愈烈。因此,板桥的时代,是专制文化政策在各方面显示其强大力量的时代,在这样大的时代背景之下,从事艺术的创新活动,就受到相对大的压力。

当然,不可否认,这也是一个在中下层社会充满着活力的时代。商品经济的繁荣,从另一方面刺激着人们追求新的艺术形式,产生新的审美情趣。这种呼唤新的艺术、审美风格的现实生活需求,又在刺激着艺术家从事新的探索。以扬州为中心的江南一带城市文明,正在孕育着新的艺术,从而展示出该时代新的动向。身处扬州艺术氛围之中的郑板桥,恰恰更多地吸取了新的艺术营养,从事着新的艺术创作。他以"怒不同人"的自觉个性追求,在探索着新的书法风格。

一、"师心自用,创为真隶相参之法而杂以行草"
——《四书手读》与板桥书法风格的雏形

按照板桥的说法,追求与别人相异之处,一直是他的人生理想。但如何在具体的艺术创作实践中,完成这一理想,则又是一个长期的摸索过程。板桥书法风格的形成,乃在长期习摹各家各派的书法艺术基础上,参以隶书、行草之法而初步形成了"板桥体"。

郑板桥书法

少年郑板桥，极工楷书。从现存的小楷《秋声赋》作品看，板桥的楷书主要是从欧阳通入手，并参酌了褚遂良的书法。行书大体从晋帖入手，对王羲之《兰亭序》《宋拓圣教序》下过苦功。徐珂在《清稗类钞》中说："板桥初学晋帖。雍正辛亥（1731年，时三十九岁），书杜少陵《丹青引》横幅，体仿黄庭，后乃自为一体。"这即是说，板桥亦像其他士子一样，必须以官方认可的秀美字体为准。这大约是当时应试士人必走的书法之路，此点板桥与他人无多大差异。然最能影响板桥书法的应是汉隶、魏碑。他自称"字学汉魏，崔、蔡、钟繇；古碑断碣，刻意搜求"（《诗钞·署中示舍弟墨》）。

在同时代人当中，高司寇且园先生的书法对板桥影响最大。板桥《行书论书》轴中说："平生爱学高司寇且园先生书法。"高氏书法出于苏轼，板桥害怕不得苏轼书法之"秀"，以至于使"坡书肥厚短悍"的特征陷入"蠢"境，"故又学山谷书"，得其"欹侧""瘦劲"之长。在这样的转益多师的基础之上，板桥"自创书体"的基本功已经具备。

这样的时机终于来临了。

在天宁寺读书之时（雍正六年），板桥与诸同学为了比赛各自对经典熟悉的程度，默写经典。按照当时市面上的格纸，"日默三五纸，或一二纸，或七八十余纸，或兴之所至，间可三二十纸，不两月而竣工。虽字有真草讹简之不齐，而语句之间实无毫厘错谬"。这种自由状态的书法创作，正是形成板桥书法艺术风格的关键。可以这样说，天宁寺以前的书法练习过程，是量变的积累，而天宁寺默写"四书"则是质变的飞跃。而这种质变的飞跃，其契机，乃在于自由地书写。

当然，板桥的自由创作，是以理性作为指导的。他是在熟悉书法史上典型作品的基础上来从事自己的书法艺术创作的。在着手比较了黄庭坚的《杜诗抄本》和赵松雪的《左传抄本》优劣的基础上，他着手从事《四书手读》的书法创作。他说：

> 黄涪翁有杜诗抄本，赵松雪有《左传抄本》，皆为当时欣慕，后人珍藏，至有争之而致讼者。板桥既无涪翁之劲拔，又鄙松雪之滑熟，徒矜奇异，创为真隶相参之法而杂以行草，究之师心自用，无足观也。博雅之士，幸仍重之以经，而书法之优劣可不必计。

引文中所说的"师心自用，无足观世"，这当然是板桥本人的谦逊说法。既然是"创为真隶相参之法而杂以行草"，则表明他是在从事自觉的艺术创作，就有其自身的价值。只是这时他还不敢，也不便否定经典权威而已。

就现行的《四书手读》作品来看，其书法比较成功地融合了真、隶二法，在结体上取侧斜之势而使本来隶意较浓的欧体，显得生动有神。特别是篇章之中，间杂一二古体字，使整篇书法犹如美玉之中嵌上宝珠，精神凸现，避免了通篇的熟而生庸的缺陷。《四书手读》以较重的隶意，突出了欧体字的古朴之意趣，而淡化了欧体的险峻、峭拔之风格；参以行、草之意，又减少了欧体的板滞之意。以古隶之波磔取代欧体捺笔之俊秀，初步体现了板桥追求"沉著"风格的美学思想。而带有"行草"意味，且隶味、古味较重的"板桥体"，又不完全陷入古人的窠臼之中，不像腐儒、迂儒对待经典一样，板桥是以"己意"来使"古隶"获得新的时代生命。

二、"六分半书"——震电惊雷的板桥体

从"师心自用"到自成一体，独树旗帜，还得有一段相当长的艺术实践历程。从板桥三十六岁天宁寺创作《四书手读》到五十八岁作《板桥自序》，以及乾隆庚辰（1760年，时六十八岁），作《刘柳村册子》的总结，板桥的"六分半书"，是其自觉的个性追求在书法艺术上的体现。五十八岁时板桥在《自序》中自称"善书法"，自号"六分半书"；而《刘柳村册子》中，则说"板桥书法以汉八分杂入楷行草，以颜鲁公《座位稿》为行款，亦是怒不同人之意"，并治有一印"六分半书"。因此，从发展的眼光看，板桥的"六分半书"是一种艺术个性化的实现过程，它既有创作实践的不断修正，又有理论上的不断总结提高。

何谓"六分半书"？板桥自己并没有做具体解释。板桥之后的书评家亦很少做具体的分析研究。今人周积寅先生对此做了比较清楚的说明，他说："板桥的'六分半书'，若从比数上去理会，即从汉字八分中取其六分半，尚有一分半为行、为楷、为篆、为草。"而在真的书法实践中，"也许是五分，五分半，六

分，六分半，七分。因此，他的'六分半书'当看成是一种活称，绝非一种固定不变的模式"。其早期的《四书手读》，当如周先生所言，可以称之为"七分书"。总而言之，"六分半书"，是一种综合创新的艺术形式，而就现存的书法作品来看，这种创新的艺术形式是成功的。

清初大哲学家方以智曾概括当时的时代特征是："坐集千古之智，而折衷其间。"大哲学家王夫之说："六经责我开生而。"板桥的"六分半书"，正是用艺术的创作实践，证明了"折衷古今""开创生面"的可能性、现实性。当时的保守派将这种"折衷古今"、力求创新的艺术实践活动称为"怪"，就连本身主张"诗抒性灵"的同时代稍后的袁枚，亦不理解郑板桥等人的艺术创新活动，这恰恰体现了历史在前进过程中的复杂性，如袁枚说：

> 惟书法近学郑板桥，则殊不必。板桥书法野狐禅也，游客中有寿门、楚江诸公，皆是一丘之貉，乱爬蛇行，不足妃稀，以揠苗助长之功，作索隐行怪之状，亦如孙寿本无颜色，又不肯心梳理，故为龋齿笑，坠马妆，以蛊惑梁冀秦宫耳。

当时，批评板桥书法的不只袁枚一人，蒋士铨就用"世人尽笑板桥怪"这样一句诗概括了当时一些人对板桥书法的态度。"怪"字当然是相对"正"字而言。这正是持正统观念的人们对新事物常有的一种贬损态度。板桥晚年把自己的"字"称为"震电惊雷之字",这种字体若不引起世人们的心灵震撼,就不是一种成功的艺术创新。尤其是在崇新尚奇的江南地带,这种"怪"恰恰能满足人们的好奇心。因此,批评归批评,板桥的"六分半"书法还是得到了世人的喜爱的。《板桥自序》中说:"凡王公大人、卿士大夫、骚人词伯、山中老僧、黄冠炼客,得其一片纸、只字书,皆珍惜藏庋。"甚至,高丽国(今朝鲜)亦派人来索书,其丞相李艮还专门投来名刺(今名片)。由此可见板桥"震电惊雷之字"的社会效应。

周积寅先生总结前人的评价,集中地概括"六分半书"的特点为五条:第一是"多体合一",第二是"以画为书",第三是"摇波驻节",第四是"乱石铺街",第五是"一字多变"。在我看来,真正体现板桥"六分半书"的审美特征,乃在于前面四点。

所谓"多体合一",即"六分半书"以汉八分(隶书别称)杂入楷、行、草,并带有篆意。这一"多体合一"的新型书体,其审美意蕴特别丰厚,"遒劲古拙,别具高致"[1],"极瘦硬之致"[2]。把极其矛盾的一对审美范畴"古拙"与"秀美"统一起来了,获得了"古秀独绝"的审美效果。板桥"六分半书"的审美特征,在感性的层次上恰恰满足了商业社会人们喜好秀美、古

---

[1] 查礼:《铜鼓书堂遗稿》卷三十二。
[2] 蒋宝龄:《墨林今话》卷一。

董的猎艳、猎奇心理。清人阮元在《广陵诗事》卷八中曾云："郑板桥少为楷书极工，自谓世人好奇，因以正书杂篆隶，又间以画法，故波磔之中，往往有石纹兰叶。"从另一侧面揭示板桥"六分半书"的时代特征。而在书法美学方面，则比较成功地将真、行、草、隶、篆熔为一炉，使他的行书既得楷书的端庄，行书的潇洒，草书的跳动，又得隶书的典雅、古拙，篆书的圆润，体现了该时代综合创新的精神。

所谓"以画为书"，乃是指板桥体在书法创作的方法上，将画法融入书法，使字的笔画更具有表现力。古人讲书画同源，多讲以书法的笔法透入绘画。板桥亦讲书画同理，却是将画法透入书法。他在自题《墨竹》的横幅中，对此做了明白的交待："至吾作书，又往往取沈石田、徐文长、高其佩之画以为笔法，要知书画一理。"而他在欣赏黄山谷的书法时，亦说"山谷写字如画竹，瘦而腴，秀而拔"，比较深刻地把握了黄庭坚书法的审美特征。在板桥的书法作品中，其中的长撇、长捺往往取兰草之意，既使作品中的行与行、字与字之间留下较多的空白，又使整幅作品顿生灵气。对于板桥"六分半书"的这一特点，清人蒋士铨、何绍基等均有议论。蒋氏说："板桥作字如写兰，波磔奇古形翩翩。"[①] 何氏说："板桥字仿山谷，间以兰竹意致，尤为别趣。"[②] 上文所引阮元的一段议论，亦指出了这一特征。

---

① 蒋士铨：《忠雅堂诗集》卷十八。
② 何绍基：《跋郑燮道情十首》。

所谓"摇波驻节",乃是指板桥在处理长笔画时,有意抖动笔锋,使长笔画产生跌宕之姿,使书法的篇章在整体结构的平静中出现起伏感。这亦是他以画兰之意透入书法的结果,一般书法家不敢,也想不到用此笔法。《六分半书苏轼轴》一幅中的"之"字、"人"字的捺笔,最为典型。板桥七十一岁时作的对联:"操存正固称完璞,陶铸含弘若浑金"中的"存"字、"铸"字、"若"字的长撇,亦如此。清人翟赐履认为,这是因为板桥"以分书入山谷体"的缘故:"板桥以分书入山谷体,故摇波驻节,非常音所能纬。"[1] 其实不完全如此,此乃是板桥以画兰之法透入书法的结果。

所谓"乱石铺街",乃是指板桥的"六分半书"比较突出地表现篇章结构中字的大大小小、长长扁扁、方方圆圆之间的配搭关系,在乱中求整,不像一般行书注重行气的连贯性和笔势的一致性。板桥"六分半"行书的每行,上下字之间从表面上看不出直接的笔势关联性,每个字似乎都是独立的,且大小、长扁、方圆不一,但整幅作品具有高度的内在统一性。清人朱克敬称板桥的"六分半书":"如秋花依石,野鹤戛烟,自然成趣"[2];今人周积寅先生将其概括为"乱石铺街",均得板桥"六分半书"的神韵。尤其是一"乱"字,颇得板桥晚年的艺术理想精髓。板桥在晚年一再强调画竹、画兰、画石要"乱",这一"乱",即是自

---

[1] 马宗霍:《书林藻鉴》卷十二。
[2] 朱克敬:《雨窗消意录》甲部卷一。

由的代名词。"乱"中有法,自由中体现自律,"乱"中体现"野性""生机"。

至于"一字多变",乃是所有大书法家的共同特征,只不过有的书家表现得更充分而已。

以上五点特征(实际上只有四点),分别从字的结体、笔画、篇章结构方面,分析了"六分半书"的审美特征。就其艺术所体现的思想精神来说,"六分半书"是在"折衷古今"用笔上的创新,是以古朴、锋芒、偏斜、不平衡打破秀美、圆润、甜俗的风格,以"形乱神贯"代替了单纯的统一性,丰富了书法艺术的表现力,从而表现了艺术家自觉地超越古今、伸张个性的精神追求。

三、 其他各体的成就

"六分半书",是板桥书法的突出成就,代表了板桥的艺术个性。除此种书体外,板桥在其他书体方面亦有较大的成就。楷书、隶书、行书、草书亦达到了较高的艺术境界。

就书法的师承关系而言,板桥在《论书》一文中说,他平生最爱高其佩的书法。而高其佩的书法出于东坡公,故苏轼又是板桥的远祖。由于害怕不得东坡书之秀,故板桥又学黄山谷书法,对山谷书法"飘飘欹侧"之势多有吸收。板桥在《论书》一文中所说的师承关系,实际上仅就自己书法风格的一个方面而言,并不是全面地谈自己习书的过程。

在楷书方面,早年的板桥主要师法欧阳通,其早期代表作是在京师创作的小楷欧阳修的《秋声赋》。从现存的作品来看,板桥显然是学习欧阳通书法结体,只是并不完全死守欧体的程式而已。在字体的结构方面是楷中含有行书的灵动之气,但字的结体不像欧体那样峻峭而带有懔懔不可侵犯之意,字体因隶意较重而显得沉稳。在横画的处理方面,更多地带有隶书的波磔之意,而在处理"之"字和"又"字的末笔时,故意夸张捺的笔画,有打破欧体字结构均衡的倾向。

板桥楷书的代表作是五十七岁时创作的《潍县永禁烟行经纪碑文》《重修文昌阁记》和六十岁所作的《城隍庙碑记》三幅作品。另外,中年破格书王羲之《兰亭序》,亦是其楷书的代表作。拓本《潍县永禁烟行经纪碑文》,在整体风格上虽然仍沿袭欧体,但加重了隶意和行书意味。碑文中"潍县"的"县"字,多隶书的古拙之意,而碑文中的"碑"字,"烟行"的"烟"字,其"撇"多取黄山谷体之意,故意逸出、夸张,且锋芒外露,使行书意味渗入楷书之中,以灵动之意中和隶意很浓的楷书所具有的拙重之味,从而使整幅作品具有更为丰厚的艺术内涵,古拙而不滞重。

《重修文昌阁记》,行书意味更浓,其中的"得"字、"峙"字、"特"字、"青"字,皆行楷之体。而"斯"字的"斤"旁之撇、"君"字的长撇,均取黄山谷体之意,亦有板桥画兰之意含蕴其中。

板桥六十岁时作《城隍庙碑》,题头大字乃属"六分半体",

正文仍是欧体。基本上还是沿袭自己以行入楷的路数，字体侧倚程度加大，左低右高，更显瘦长。

《破格书王羲之兰亭序》，乃是板桥为纠正世人在临摹古人笔迹，只知其形，不知其神的偏颇。在《临兰亭序》的题记中，板桥说道："古人书法入神超妙"，但由于"石刻木刻，千翻万变，遗意荡然"。假如学习的人依拓本临摹，即使是君子也极易流入恶道。所以，他自己"以中郎之体，运太傅之笔，为右军之书，而实出己意，并无所谓蔡、钟、王者，岂复有兰亭面貌乎"！现存的《破格书王羲之兰亭序》，非常巧妙地将蔡邕的隶书，钟繇的楷书，王羲之的行书融为一体，真的创作出了非蔡非钟非王，又亦蔡亦钟亦王的作品。此幅作品创作于乾隆八年七月，从这幅作品可以看出，融真草隶行于一炉的"板桥体"——或曰"六分半书"，其成就不仅表现在大量的行书、题画的作品中，在楷书中亦有自己的范本。作为书法史上"兰亭序"系列的作品，板桥的"破格兰亭序"有自己的独特历史地位。当代书法家吴丈蜀先生1982年亦以己意创作《兰亭序》，其笔法多以魏碑的方笔，取兰亭之行书意味而韵味又不似王羲之《兰亭序》清秀优美。这是在板桥之后二百多年的书法家对《兰亭序》的又一次继承、发展。

行书方面，板桥的作品甚多。像四十九岁作《自书诗轴》、五十六岁创作的《修潍县城记》、六十六岁所作《行书李壶庵道情十首》《论苏轼书轴》等作品，均是成熟的代表作。四十九岁所作《自书诗轴》，行中带草，有些撇、捺笔法以兰草法入书法，夸张恣肆，如其中的"渺"字最为典型。五十六岁创作的《修潍县城记》，取《兰亭序》的偏长字体结构而撇捺多出锋芒，横竖以中锋运笔为主。整篇作品显得气势雄强，骨力丰圆，似李北海《岳麓碑》遒劲饱满，而含蓄沉着稍嫌不足。《论苏轼书轴》带有较浓的隶意，行而偏楷，比较含蓄、蕴藉。《行书李壶庵道情十首》则可以说是板桥行书中的典范作品，最能代表板桥行书的成就与风格。作品节奏和谐，韵律典雅，每行中的重墨粗笔的异体古字镶嵌在作品之中，既做到了重点突出，又达到了强弱相扶。整幅作品透露出典雅之气。

除了这些精心创作的行书作品之外，现存的一批残牍，乃是研究板桥行书不可多得的资料。这些作品，在率意之中，展示了板桥行书内涵的丰富性和面貌的多样性。或是行而偏草，或是行而偏楷，这些作品似乎还能展示板桥下判牍时的心情。有些作品可以与颜真卿的《争座位帖》相互参阅，由书法线条的飞动之势，体味书法作者当时的心理状态。

现存的板桥草书作品和隶书作品不多。早期的草书主要师法怀素，于三十九岁时作有《草书节录怀素自叙轴》，成就不高。晚年（六十七岁）有《草书祝允明北郊访友诗轴》，在字的结体方面较早期《草书节录怀素自叙轴》更为开张，线条圆劲，撇捺时杂有兰草画意，行气贯联，通篇有狂放之气，但与祝允明、徐渭草书相比，稍嫌逊色。

纯粹隶书作品不多，隶书《宫灯片》多有汉简的古朴之意，又带有竹叶的意蕴。另有四十七岁时的《隶书峋嵝碑》轴，五十四岁时作的《隶书揭古碑》和《隶书张志和渔父词》《隶书歌咏古扬州》匾额等。清人桂馥称板桥隶书"如灌夫使酒坐骂,目无卿相",褒中有贬,意谓板桥隶书生气盎然,然典雅古朴不足。

四、 人生情思的高度凝练——板桥篆刻

印,一般是以古朴、典雅见长,尤其是在内容方面,以庄重为主。板桥之印就其内容来说则不是这样,他以展示个性,表达自己的喜怒哀乐为主。现存的板桥印文内容,可以分为两大类,一是以民俗入印,二是以个性入印。

"雪婆婆同日生"一印,乃是板桥纪念自己出生的一方印,为杭州身汝敬刻。人曾讥诮此印不典,板桥则反驳道:"俗以十月廿五日为雪婆婆生日,燮与之同日生,故有是刻。或以不典为诮,予应之曰:古之谚语,今之典;今之谚语,后之典。'宫中作高髻,四方高一尺。'真成俗语而今为典矣。"此印虽只有数字,却表达了板桥对待民俗的亲近态度,是板桥喜爱民间文化的反映。与此相类似的有:"麻丫头针线""穿衣吃饭"等印,更表现了板桥关心民生日用,以迩言为善言的伦理思想。正如《板桥自序》评价自己的《家书》所云:"绝不谈天说地,而日用家常,颇有言近指远之处。"这种文艺创作思想,是李贽以来歌颂、肯定平民阶层生活的美学思想的继承与深化。李贽在《焚书》《续焚书》中,曾有大段文字论述民生日用即是社会伦理原则的思想。特别是《焚书·答邓石阳》中的一段文字,可以成为新伦理

思想的标志："穿衣吃饭，即是人伦物理。除却穿衣吃饭，无伦物矣。"板桥的一些反映下层民众生活及关心民众疾苦的印章，如"恨不得填满了普天饥债""病黎阁"等印，正是板桥新伦理思想及其关心民瘼的感情反映，是他在现实中的未了心愿在艺术中的折光。

除了关心民瘼的一面，板桥印中抒发自己个性的内容更为丰富。像"郑风子""古狂""鸡犬图书共一船""海阔天空""富贵非吾愿""心血为炉熔铸古今""畏人嫌我真""游好在六经""动而得谤，名亦随之"等印，均表达了自己对古今思想、艺术的批判与继承态度，与世俗抗争的态度。他既"畏人嫌我真"，又坚持自己"古狂"的人生态度。"动而得谤，名亦随之"之"名"，乃"狂名"，这一"狂名"于仕途不合，但在人民心中却是美名。他要横扫世俗陈旧观念，故有"横扫"之印；而又要放纵自己情怀，故有"放情丘壑"之印。他不断突破自己，便刻有"骨常新"印，以警己，以示人。而对当时社会盛行的理学，动辄以公责人，以理责人，板桥则刻有"私心有所不尽鄙陋"之印，这虽然不像李贽那样偏激地歌颂"私心"，发出"人必有私，而后其心乃现"的惊世骇俗的议论。但在清初大思想家调和了"公与私""理与情欲"的思想基础上，把"私心"放在一定的位置上，则亦体现了板桥反理学、肯定人性之私的合理性的态度。"眼大如箕""江南巨眼"等印则表达了板桥抗争世俗，审视历史的战斗精神和批判精神。"眼大如箕"是为董伟业《竹枝词》所作序文中的一段话的浓缩（见第三章引文）。这一方印浓缩地表达了板桥藐视现实权势和富贵的战斗精神、诗人个性。而"江南巨眼"印章,正是作为有个性、有思想的艺术家审视历史与现实的理性批判精神,在"印章"这一艺术形式中的体现。这短短的四个字,与前代李贽"童心说"、傅山的"一双空灵眼睛"、叶燮在《原诗》中追求的"只眼",在精神上是相通的,那就是审视历史的理性批判精神。《童心说》乃近代之初反权威主义的经典文章,无须赘述。叶燮《原诗》中所讲的"只眼"在第四章已讲过,傅山所说的"一双空灵眼睛",知之者或不多。在傅山《家训》中,有一段文字畅达地展示了"折衷古今是非"的历史批判精神:"一双空灵眼睛,不唯不许今人瞒过,并不许古人瞒过。看古人行事,有全是底,有全非底;有先是后非底,有先非后是底;有似是而非、似非而是底。至十百是中之一非,十百非中之一是,了然于前。我取其是而去其非。"板桥在艺评中,对古人、同时代人的艺术评价,便集中体现了这种"取是去非"批判精神。"江南巨眼",与傅山的"一双空灵眼睛"、叶燮的"只眼"都是早期启蒙人物审视历史,总结历史,从事创造性工作的"理性之眼"。而"二十年前旧板桥"则表达了对世态炎凉的批判,是板桥中年、晚年对扬州这一崇尚金钱的薄俗的讥讽。

与板桥的诗词文章中所表达的厌恶官场黑暗、污浊的情怀一致,板桥印中亦有这一方面的内容。像"风尘俗吏""俗吏之为之也""俗吏""七品官耳""十年县令""有数竿竹无一点尘""潍夷长"等,均表达了板桥对官场的厌恶之情。而像"康熙秀才雍正举人乾隆进士"一印,则抒发了"三朝元老"的愤懑,以及自己发迹太迟的怨恨之情。

当然,正如板桥诗文一样,板桥印中也有消极遁世和得帝王赏识后的得意、庸俗的一面。如"板桥道人""樗散""老画师""乾隆敕封书画史""乾隆东封书画史"等印,但这就是现实中的郑板桥,是一个真实表达自己喜怒哀乐的郑板桥。他对自己所推荐的人,赞不绝口,且甘作"门下牛马走",如有"青藤门下牛马走",便表达了自己对徐渭的崇拜之情。揭示自己艺术上的师从关系,而刻有"所南翁后""谷口"等印,表达了自己书法与清初隶书大家郑簠的关系。他向石涛学习,故刻有"师造物""搜尽奇峰打草稿"等印。

晚年的郑板桥,与世俗抗争的态度有所缓和。为了表达自己改变了的处世态度,刻下了"多种菩提结善缘""欢喜无量""结欢喜缘""随喜""饮人以和""敬常存伪"等印,表现了板桥力求以佛道的退世、避世、和世的思想以及理学的心性修养来消除自己与时人的紧张矛盾,从而达到心理平衡。这从另一个方面也表现了板桥向世俗妥协的一面。

"板桥印"内容十分丰富。可以这样说,他在诗、文、书、画中所表达的思想,在印文中均有浓缩的表达。这种以抒情为特征的治印思想,显然对清中期印坛有一定的冲击力。板桥印,是板桥个性化艺术中不可缺少的一方面内容。

五、 板桥书论

在板桥的文艺美学思想中，书论是其中的重要组成部分。板桥书论的基本精神主要表现为崇尚"个性"的美学追求，这与他本人的书法实践是相一致的。就书法与现实生活的关系而言，板桥认为，亦应从生活、自然中汲取灵感："或观蛇斗，或观夏云"，"或观公主与挑夫争道，或观公孙大娘舞西河剑器"，要皆不取"成法"。这与他"师法造化"的绘画思想是相通的。从具体的审美趣味来看，他推崇劲拔，反对滑熟；崇尚"中和"，反对险峭；看中含蓄蕴藉，不喜直露、单纯。针对具体的书体而言，板桥认为，隶书当以古朴为最高审美境界。

在乾隆庚辰年秋（1760 年）所作的《刘柳村册子》一文中，板桥对自己的书法创作从理论上做了总结。他引用庄子《逍遥游》中"鹏怒而飞，其翼若垂天之云"一句，又引古人"草木怒生"一句，撮出"怒"字，以之作为自己书法创作的最高原则。他说："庄生谓：'鹏怒而飞，其翼若垂天之云。'古人又云：'草木怒生。'然则万事万物何可无怒耶？板桥书法以汉八分杂入楷、行、草，以颜鲁公《座位稿》为行款，亦是怒不同人之意。"

所谓"怒"，即奋发、勃郁之意，引申为"抒情"。"怒不同人"，即是要表现书法家个人的性情。在《诗钞·方超然》中板桥曾评价方的小楷说道："蝇头小楷太匀停，长恐工书损性灵。"不太赞成那种损抑书法家个性的书体。在"怒不同人"的个性化原则指导下，板桥一生的书法，转益多师，临过王羲之的《兰亭序》《宋拓圣教序》，怀素的《自叙贴》，虞世南的《破邪论》，颜真卿的《争座位帖》；又从同时代的前辈高其佩的字入手，上溯苏轼、黄庭坚、米芾。在学碑方面，对《瘗鹤铭》，虞世南的《孔子庙堂碑》，欧阳通的《道因法师碑》（宋拓本），李邕的《岳庙碑》《云麾将军神道碑》等，均下过功夫。最后，创造了自己的风格，即"六分半书"。

个性化的原则，是板桥书法美学的最高原则。在这一美学原则之下，板桥对不同风格的书法的审美趣味，亦做了比较广泛地论述。

（一）崇尚劲拔，反对圆熟

中国传统书法理论比较重视劲拔，反对甜熟柔弱的世俗面孔。板桥也继承了这一审美理想，在书法创作与鉴赏中，崇尚劲拔，反对圆熟，并且将书法与人品联系起来。在《四书手读序》中，他公开地表示，鄙视赵孟頫的"滑熟"风格，推崇黄涪翁（庭坚）的"劲拔"风格。这种"劲拔"风格，与欧阳通的"孤峭""险峻"风格颇有不同，更多地带有一种文人的潇洒秀活之气，蕴含着艺术家内在的自由意志。他称赞黄山谷的书法"飘飘有欹侧之势，风乎？云乎？玉条瘦乎？"，又称米芾书法"颠放殆天授"，是自由而入化境的作品，"不能学，不敢学"。从这些具体的艺术评价中，可以窥视出板桥的艺术趣味。

（二）书法与人品相表里，以温和中介为美

在面对世俗千人一面的情况时，板桥主张要"怒不同人"，但就个人的内在品德而言，板桥更倾向于传统的"君子之德"。而且，他将这种"君子之德"与审美趣味结合起来，推崇一种"中和"的审美趣味。在《题宋拓虞永兴破邪论序册》中，板桥肯定："书法与人品相表里。"他认为，虞世南有君子之德，故其书法"《庙堂碑》及《破邪论序》，介而和，温而粟，峭劲不迫，风雅有度，即其人品，于此见矣"。板桥这种审美思想，有他的合理之处，亦有他的不足之处。其不足之处就在于把艺术与道德的关系绝对化，结果是不利于艺术的创新发展。在这种"中和"的审美趣味影响下，他在《家书》中甚至告诫自己的子孙不要学习褚遂良、欧阳率更的书法，认为这会导致个人与世不合，给人生带来不幸："褚河南、欧阳率更之书，非不孤峭，吾不愿子孙学也。"

板桥自己一生与世俗抗争，深知个中苦味。他不愿自己的子孙也像自己一样，情有可谅。但这也正反映了早期启蒙人物的内心矛盾及其软弱的一面，缺乏后来"五四"新文化运动旗手鲁迅等人所具有的韧性战斗精神。在中国这样一个具有悠久历史传统的国度里，各种旧的习惯势力往往会改头换面，卷土重来，非有犀利的历史眼光，非有韧性的战斗精神，不足以击退旧的习惯势力，不可能建设新的文化。反思板桥的书法理论，亦可以清醒我们自己的理论思维。

第七章 "无古无今之画"
——板桥绘画、题识及画论

　　板桥一生以追求"独异"而闻名,其书画个性独特,古无今无,展示了板桥独特的审美情趣。他所画的兰、竹在"扬州画派"中,乃至整个清代画坛上占据重要的一席之地。他的墨兰艺术,远承元代郑所南①,近从石涛、白丁和尚,下开清中叶以后的各家各派。他的墨竹艺术,远承宋代苏轼、文与可,近从石涛,下启清中叶以后各派墨竹。板桥画的题材甚广,而主要以善画兰、竹、石三者出名。这种多能而专的特征,与"扬州画派"

---

① 元代画家,善画兰花。

自觉的个性化追求及扬州商业社会消费市场有关。这也与板桥不是专业画家，而以诗文之余作画的人生有关。但亦像其诗文一样，板桥画是以思想性见长。其幽兰、修竹、丑石，皆是其人格、人品、人生理想的表现。"介于石，臭如兰，坚多节"，君子之品格，是其绘画精神的一个重要侧面。而"凡吾画兰画竹画石，用以慰天下之劳人，非以供天下之安享人也"，则又是他艺术价值取向的另一方面。其喜绘"山中之兰，非盆中之兰"，则又表达了其思想中追求自由的情怀。板桥的绘画，大体可以从此三个方面来理解。

一、幽兰

兰草，古来皆作为隐遁君子品格的象征，亦作为人才的象征。屈原在《离骚》中歌咏道："余树兰之九畹兮，又树蕙之百亩。"把兰蕙看作是人才的象征。又讲自己佩兰"结幽兰而延伫"，以象征自己的高洁。兰以幽香而被作为君子之德的象征。"兰"在先秦时期的文化中的象征意蕴，大体如此。文人画兰，大约始于北宋米芾，而以元初郑所南为一代宗师。郑画兰主要寄托一种亡国之思。板桥不取郑所南的寓意。板桥画兰，一方面继承了传统中"兰"的象征意蕴，另一方面又扩大了"兰"的内涵，特别是将荆棘与兰共处，在对比中使"兰"的象征意蕴丰厚了。而发掘兰草的野性特征，表达了板桥追求自由的渴望，这些皆是传统咏兰、画兰作品中所没有的内容。

在画兰传统中，以宋末元初的郑所南最为著名。而所南之"兰"，皆寄托一种亡国之思，表现出汉民族知识分子的故国情结。故兰草既象征隐士人格，又寄托故国之思。板桥虽然刻有方印"所南翁后"，表示自己画兰与郑所南的渊源关系，但亦有不同所南之处，那就是：不像所南对元朝统治者采取激烈的拒斥态度那样拒斥清王朝，而仅是师其飘然独立之意。另外，对所南的遁世情怀板桥持有不同看法，他自己所画的兰是慰天下之劳人。在题画中，板桥说道：

> 所南翁画兰好画根，余好画兰不画蕙，皆各有僻处，然画根者谓天下无地可栽，予不作此激烈语；不画蕙者，愚意欲香远而长，花少而炎，又何讥焉。

就师承关系而言，板桥画兰是师承过郑所南和陈古白的，他自称"平生爱所南先生及陈古白画兰竹"，"虽学出两家，而笔墨一气也"，并又称"昔人……画兰者无闻，近世陈古白、吾家所南先生，始以画兰称"。但是，板桥学习前人，是有所选择的。他既向郑、陈二人学习，又向石涛学习，亦向僧白丁学习，甚至亦向苏轼学习，但都不是全学，而是"学一半，撇一半，未尝全学"。所以他在《题画·靳秋田索画》中说："彼陈、郑二公，仙肌仙骨，藐姑冰雪，燮何足以学之哉！"这是说，不学其遁世之意，而要用入世的精神来画兰。他学徐渭和高凤翰绘画中蕴含的"倔强不驯之气"，尽管他们二人并不怎么画兰，板桥乃师其意，故板桥又说:"徐文长、高且园两先生不甚兰竹,而燮时时学之弗辍,盖师其意不在迹象间也。文长,且园才横而笔豪,而燮亦有倔强不驯之气,所以不谋而合。"板桥师法徐渭、高凤翰的"倔强不驯之气",对石涛的画兰方法亦不全学,而是嫌其"过纵"。他说:"予作兰有年,大率以陈古白先生为法。及来扬州,见石涛和尚墨花,横绝一时,心善之而弗学,谓之过纵,与之自不同路。"但对同时代的颜尊五、陈松亭二人的画兰方法却又吸收:"兹所飘撇,其在颜、陈之间乎,然要不知似不似也。"转益多师,且不迷信名家,不歧视一般画家,唯善是从,唯合己意是从,表现了板桥在师法他人时的灵活、开放的心态。

就书法和绘画的思想境界而言,板桥亦受过东坡的影响,并将东坡的思想又向前发展了,他说:"东坡画兰,长带荆棘,见君子能容小人也。吾谓荆棘不当尽以小人目之,如国之爪牙,王之虎臣,自不可废。兰在深山,已无尘嚣之扰,而鼠将食之,鹿将啃之,豕将拱之,熊、虎、豹、麋、兔、狐之属将啮之,又有樵人将拔之割之。若得荆棘为之护撼,其害斯远矣。"将兰与荆棘的辩证关系,从道德角度和为现实服务的功利角度加以论述,并以此感叹南北两宋无棘刺的悲痛:"予画此幅,山上山下皆兰棘相参,而兰得之十六,棘亦居十之四。画毕而叹,盖不胜幽并十六州之痛,南北宋之悲耳!以无棘刺故也。"在《为侣松上人画荆刺兰花》中题咏道:"不容荆棘不成兰。"又在另一幅兰轴中题咏道:"九畹兰花自千古,兰花不足蕙花补。何事荆榛夹杂生,君子容之更何忤!"这些题咏均体现了生活的辩证法。

心师造化，是板桥艺术创作的根本原则之一。在画兰时，亦坚持了这一原则。他在一幅题画中写道："昔游天目山，与老僧坐密室中，闻幽兰香，不知所出。僧即开小窗，见矫壁千尺，皆芳兰披拂，而下又有松树根，怪丑坏烂，兰亦寄生其上，如虬龙勃怒，髻鬣皆张，实异境也。"从生活中汲取创作灵感，是板桥画兰的又一大特点。

在画兰的意境开拓方面，板桥将"自由"意志纳入兰花的创作之中，这是前人、同时代的画家所没有的。板桥一再题咏"此花本是山中物，不堪人间盆盂栽"的自由思想，这是新的时代先锋意识在敏感的艺术家笔头的流露。"画兰切莫画盆罂，石缝山腰寄此生，总要完他天趣在，世间栽种枉多神。"在这一不合时宜的时代，兰花象征带有自由意志的人才，也许是不得意的，但只要留住"根本"，则春雷潜发之夜，定能香气入云："留得根科大，何怨叶短稀。春雷潜夜发，秀气入云飞。"① 板桥一再反对"盆栽兰花"，不是真的反对"盆栽"，而是像半个多世纪后的龚自珍在《病梅馆记》中所寄寓的思想一样，主要是反对用各种束缚来妨碍人才的自由生长。在板桥题画中，有一段文字，乃龚自珍五十多年前的共鸣：

余种兰数十盆，三春告莫，皆有憔悴思归之色。因移植

---

① 当然，这也表明板桥对科举缺席抱有幻想。所谓"春雷潜夜发，秀气入云飞"，无非是中进士后天下知名的含蓄表达。

于太湖石黄石之间，山之阴，石之缝，既已避日，又就燥，对吾堂亦不恶也。来年忽发箭数十，挺然直上，香味坚厚而远。又一年更茂。乃知物亦各有本性。赠以诗曰：兰花本是山中草，还向山中种此花，尘世纷纷植盆盎，不如留与伴烟霞。又云：山中兰草乱如蓬，叶暖花酣气候浓，出谷送香非不远，那能送到俗尘中？此假山耳，尚如此，况真山乎！……盖山中之兰，非盆中之兰也。

除了不如龚自珍《病梅馆记》激烈地批判现实外，其追求自由，要求将人才放到自由的环境中去培养的思想，与龚自珍基本相同。在板桥看来，只有在"天地"的广阔空间里，让人才自由地成长，人才才会茂盛。板桥的时代与龚自珍的时代稍有不同，他所处的时代毕竟是"康乾盛世"。从历史的过程看，是封建社会的"回光返照"，但处在该时代之中的历史人物，还难以看到后来人们看到的种种情况。不过，晚明以来追求个性解放、思想自由的早期启蒙思想意识，在板桥的血液里仍然流淌着，以曲折的方式展示了历史的连续性。在板桥的时代，像这种追求"自由意志"的士大夫，又能找到多少真正的知己呢？他注定了自己孤独的命运，而且，只有在孤独之中才能获得点滴的自由感。这种孤独，也只能在山中的自由天地里找寻到点滴的安慰："春雨春风洗妙颜，一辞琼岛到人间。而今究竟无知己，打破乌盆更入山。"逃避现实的束缚，孤独地逃到深山，是保持自由个性的唯一出路。

与一般文人士大夫追求闲情逸致颇不相同，板桥还将自己的绘画与天下劳人结合起来，认为自己画兰画竹，皆是慰天下之劳人，不是为那些饱食终日、无所用心的安享富贵之人服务的。只有那些在生活中忙碌不停，"忽得十日五日之暇"的人，才能体味出闲静的乐处，才能品味出艺术家创作兰画的真正风韵：

"三间茅屋，十里春风，窗里幽兰，窗外修竹。此是何等雅趣，而安享之人不知也。懵懵懂懂，没没墨墨，绝不知乐在何处。惟劳苦贫病之人，忽得十日五日之暇，闭柴扉，扫竹径，对芳兰，啜苦茗，时有微风细雨，润泽于疏篱仄径之间，俗客不来，良朋辄至，亦适适然自惊为此日之难得也。凡吾画兰画竹画石，用以慰天下之劳人，非供天下之安享人也。"

明明白白地指出自己艺术的服务对象。文中的"天下劳人"当然还不能说就是指一般的劳动者，但绝不是达官贵人、纨绔子弟，而是板桥理想中的劳动者，不是现实中的被生计所迫，异化了的"劳人"。这种"劳人"亦是我们今日社会中所要追求的理想的劳动者，这样的人，不是被"劳动"压迫得喘不过气来，而是在劳逸结合中，有张有弛，既能欣赏艺术创造而又从事社会的实际创造，是自由自律的劳动者。我们不能不礼赞板桥思想的开放性、前瞻性。

从具体的艺术技巧看，板桥自称自己的兰花为"郑家香"。

所谓的"画家无别个，只画郑家香"。这种技巧并不是纯粹的笔墨之技巧，而是因为他善画春兰、夏兰，有时"叶长花少"，有时"叶短花多"，皆显出勃勃生机；就其思想内容来看，"郑家香"即是一种自由奔放意识和饱满昂扬的生命姿态，是自觉地跳出狭窄天地——"盆盂"束缚，自适天机、天性的生命畅达情态，是不与世俗同流合污的高尚道德之馨香。清人杨鹿鸣在解释板桥画兰之法时说：板桥画兰得"春夏气"，此乃妙语双关，意谓"无论娟娟烟痕，萧萧雨影有之，即纵横驰骋，破笔焦墨，亦自有蓬勃之致"，"此又不可仅以画法论"[①]。杨氏从绘画的精神意蕴角度来分析郑板桥画兰的技巧，可谓高瞻远见，深得板桥画兰技法之真韵。

二、扎根破岩潇潇竹

作为人格、人品象征之竹，历来为文人所喜爱。在《诗经·卫风·淇奥》中，就出现了以竹咏人的诗句："瞻彼淇奥，绿竹猗猗。有匪君子，如切如磋，如琢如磨……"借绿竹的风姿潇洒形态来歌颂卫武公的德行。在板桥题画中便有"屈大夫之清风，卫武公之懿德"句。汉代，班固的《竹扇赋》对青春之竹亦作了歌咏。"青春之竹形兆直，妙华长竿纷实翼。杏筱丛生于水泽。疾风时，纷纷萧飒。"班固所咏，还只是偏重竹的外形。两晋文

---

① 杨鹿鸣：《兰言四种》第一，《画兰预言》。

人多有爱竹者，如东晋的"竹林七贤"，以竹象征人的节操，将竹与人品、人格联系起来，他们常在竹林酣饮，以示自己人品之清高。而王徽之生性就特别爱竹，他暂住别人空宅，便令种竹。有人说，你只是暂住，又何劳神，他则对竹啸咏道："何可一日无此君！"[1] 王徽之爱竹，甚至到了不近人情的地步。有一次在吴中，"见一士大夫家极有好竹"，不事先打招呼，就径直让人抬他到竹下，"讽啸良久"，然后又准备直接出门。主人感到很难堪，便命仆人将门关住。王徽之不仅不怒，反而赏识主人，[2] 这是贵族阶层名士风度的爱竹，展示人性的潇洒一面。而唐代大文人李白、白居易，宋代大文人苏轼等，都有爱竹、赞竹之语。特别是白居易、苏轼对竹子品格的赞赏，比较生动具体地展示了竹的道德品格。白居易说："竹似贤何哉？竹本固，固以树德，君子见其本，则思建善不拔者。竹性直，直以立身，君子见其性，则思中立不倚者；竹心空，空以体道，君子见其心，则思应用虚受者。竹节贞，贞以立志，君子见其节，则思砥砺名行，夷险一致者。夫如是，故号君子。"[3]

白居易对竹的道德品格做了全面阐述，后人对竹的品格的赞扬大抵不出此范围。苏轼对竹的热爱，则颇似东晋文人情趣，注重竹的超凡脱俗的清高之气。他的名言是："可使食无肉，不可

---

[1] 《世说新语·任诞》。案周积寅《郑板桥》一书认为此句出《世说新语·爱竹》，查《世说新语》，无《爱竹》篇。
[2] 《世说新语·任诞》。
[3] 白居易：《长庆集·养竹记》。

居无竹。无肉令人瘦，无竹令人俗。"① 文人对竹的理解，到白居易、苏轼二人的时代大体上已形神兼备。

对于画竹的历史过程，板桥自己颇有研究。在《仪真客邸覆文弟》②信中，板桥说道："本来画墨竹，幽人韵士，聊以抒写性情，故画有六法，惟竹与兰不与焉。按画墨竹之始创者，为唐代张立。王摩诘亦擅墨竹……"在整个画竹历史中，五代有郭崇韬之妻李夫人，她"临摹窗上竹影，别成一派"。黄筌父子，崔弟昆，工墨竹，宋元画竹文人中，唯文与可笔法"最臻神化"，"其布局，有浅深层次向背照应之分别；其补地，有邱石泉壑荆棘野草之变化；其点影，有烟云雪月风晴雨露之烘托"。板桥对文与可画竹深有研究，也十分推崇，认为他"诚为画墨竹之圣手"。另外，有画墨竹而兼擅勾勒着色的，有画紫竹的，有画朱竹、雪竹的，别有解处。面对历史上如此多的画竹能手，板桥基本上继承了墨竹一派。

板桥画竹，就意境而言，有四大特征。第一，特别重视竹的潇潇风致；第二，突出竹的冲天之势，从而表达与世俗抗争的反权威思想；第三，像其画兰一样，亦将画竹与关心民生疾苦联系在一起，体现竹扎根于贫瘠土壤之中的清瘦一面，从而表达自己的高尚人格；第四，将生活中的禅趣、禅机和佛学中的辩证思

---

① 苏轼：《于潜僧绿筠轩》。
② 卞孝萱编《郑板桥全集》中，以为此篇乃后人伪托。然此篇对墨竹的历史渊源叙述得颇为清晰，聊可作为板桥之言。

维，融入自己所画的墨竹之中。

板桥题画中曾云："余有茅屋二间，南面种竹。夏日新篁初放，绿阴照人，置一小榻其中，甚凉适也。"又云："江馆清秋，晨起看竹，烟光日影露气，皆浮动于疏枝密叶之间。"这些题识，均揭示了所画之墨竹的潇潇风致。板桥的好友金农，在《冬心先生杂画题记》中，亦称自己画竹在风致方面不及板桥："吾友兴化郑板桥进士，擅写疏篁瘦筱，颇得萧爽之趣。予间写此，亦其流派也。设有人相较吾两人画品，终逊其有林下风度耳。"这是真诚的表白。

体现扎根于破岩之中的坚韧、清瘦一面，是板桥竹的另一特色。《竹石图》云："咬定青山不放松，立根原在破岩中。千磨万击还坚劲，任尔东西南北风。"又在《潍县署中呈年伯包大中丞括》中说："衙斋卧听萧萧竹，疑是民间疾苦声。吾曹些小州县吏，一枝一叶总关情。"他把自己画竹的风格归入苏轼、文与可一派，但又比较了自己所画之竹与文与可的不同之处，并说自己所画之竹与黄山谷的书法有关："与可画竹，鲁直不画竹，然观其书法，罔非竹也。瘦而腴，秀而拔，欹侧而有准绳，折转而多断续，吾师乎！吾师乎！其吾竹之清癯雅脱乎！"从画法和技巧方面，解说了其所画之竹具有清癯雅脱的特征，与文与可不尽相同。从精神方面体现其清癯，则主要显示自己清廉不贪、为官正直的人格，《予告归里，画竹别潍县绅士民》题画云："乌纱掷去不为官，囊橐萧萧两袖寒。写取一枝清瘦竹，秋风江上作渔竿。"

板桥画竹，既寓以个性，又寓以思想。一方面把竹作为自己

郑板桥画作

节操、人品的象征，一方面又将风中之竹的气势作为"扫云扫雾"之物："一阵狂风倒卷来，竹枝翻回向天开。扫云扫雾真吾事，岂屑区区扫地埃。""老老苍苍竹一竿，长年风雨不知寒。好教真节青云去，任尔时人仰面看。"这是高洁人格的象征。"细细的叶，疏疏的节，雪压不倒，风吹不折。"这是个性的象征。而把新篁的冲天之势作为后进人才的形象加以描绘，则表现了板桥在画竹中寄寓的辩证思想："谁家新笋破新泥，昨夜春风到竹西。借问竹西何限竹，万竿转眼上云梯。"又云："短节古干，如地下之鞭，忽飞腾于地上。然则地上之竹，独不可飞腾于天上耶？高卑固无一定也。"这正是他在《家书》中表达的"主客原是对待之意"的平等思想，在画竹中的再次表现。在画兰时，板桥以荆棘作为兰的保护物，画竹时则将荆棘画得与竹一样高，表达自己"万物皆同胞"的宽容意识。这体现了板桥的博爱精神，这一博爱精神，实亦是朦胧的自由精神、平等思想。板桥的平等思想在画竹中反复得到表现："雨枝修竹出重霄，几叶新篁倒挂梢。本是同根复同气，有何卑下有何高！"

板桥借竹来表达自己抗争世俗的精神："秋风昨夜渡潇湘，触石穿林惯作狂。惟有竹枝浑不怕，挺然相斗一千场。"而板桥至老不息的战斗精神，就在于他始终以"青山"为家，即以广大的人民大众作为自己精神的深厚土壤，故而做事多有主张："气骨森严色古苍，严如公辅立朝堂。竹枝亦复多情事，靠定青山有主张。"不以当官进阶为事，而随时准备退回山野。

板桥对墨竹意境的开拓，就在于他以丰富的艺术哲学、人生哲学思想，将竹作为寄托自己思想、情怀的自然形象，因而板桥之竹内容特别丰富，时而画现实生活中之竹，时而画自己思想中之竹。生活中之竹，乃是一片冰清幽静的意境："茅屋一间，新篁数竿，雪白纸窗，微侵绿色。此时独坐其中，一盏雨前茶，一方端砚石，一张宣州纸，几笔折枝花，朋友来至，风声竹响，愈喧愈静，家僮扫地，侍女焚香，往来竹阴中，清光映于画上，绝可怜爱。何必十二金钗，梨园百辈？须置身于清风静响中也。"这是板桥对理想中清静生活的礼赞。在乾隆戊寅年清和月（即公元1758年4月）板桥所画的一幅画的题记中，便记载了生活中竹林幽舍之家："昨游江上，见修竹数千株，其中有茅屋，有棋声，有茶烟飘扬而出，心窃乐之。次日，过访其家，见琴书几席，净好无尘，作一片豆绿色，盖竹光相射故也。静坐许久，从竹缝中向外而窥，见青山大江，风帆渔艇，又有苇洲，有耕犁，有馌妇，有二小儿戏于沙上，犬立岸傍，如相守者，直是小李将军画意，悬挂于竹枝竹叶间也。"这是板桥深入民间生活，深切感受自然田园风光之美而发出的对平凡生活的赞美。这种生活感受，是他墨竹画中清幽之境的素材来源，体现了板桥以生活为师的美学思想。

板桥最喜欢把新竹比作龙子龙孙："老竹苍苍发嫩梢，当年神化走风骚。山头一夜春雷雨，又见龙孙长凤毛。""新竹高于旧竹枝，全凭老干为扶持。明年再有新生者，十丈龙孙绕凤池。""种得东南美干材，编篱加土尽滋培。阶前已见龙孙长，又报平安枝上来。"这是对生活中人才前后相续的高度艺术概括，也表达了画家本人培育新人的理想。

板桥将竹比作世间君子："老干新篁千万叶，世间君子不嫌多。"又将爱竹护竹与教育子弟联系在一起："减之又减无多叶，添又加添著几枝。爱竹总如教子弟，数番剪削又扶持。"总是把自己所画之竹与生活中的平凡事件联系在一起，体现了板桥画竹的入世精神之面。

可以这样说，在墨竹的意境开拓方面，板桥所做的努力是前无古人的。这与他自觉地以墨竹为主攻方向有关。

在画竹的方法及画竹理论方面，板桥有自己的主张。首先，"师法自然"，既是其绘画的根本思想，也是其画竹的总原则："未画以前，胸中无一竹；既画以后，胸中不留一竹。方其画时，如阴阳二气，挺然怒生，抽而为笋为篁，散而为枝，展而为叶，实莫知其然而然。"韩干画御马，云："夫厩中十万匹，皆吾师也。"板桥客居天宁寺西杏园，亦曰："后园竹十万个，皆吾师也，复何师乎？"其次是师法前人，远师文同（文与可）、苏轼，近师石涛，还有同邑禹鸿胪、渔庄尚友。就意蕴来说，亦曾师法黄庭坚之字、徐渭之倔强性格，而对于"胸有成竹"与"胸无成竹"的问题，板桥的解释更为通脱。他对艺术创作中的意念想象与视觉中的真实形象和艺术家通过一定的技巧表现出来的艺术形象三者的关系，做了明确的区分："江馆清秋，晨起看竹，烟光、日影、露气，皆浮动于疏枝密叶之间。胸中勃勃，遂有画意。其实胸中之竹，并不是眼中之竹也。因而磨墨展纸，落笔倏作变相，手中之竹，又不是胸中之竹也。总之，意在笔先者，定则也；趣在法外者，化机也。"他又说："文与可画竹，胸有成竹；郑板桥画竹，胸无成竹。浓淡疏密，短长肥瘦，随手写去，自尔成局，其神理具足也。藐兹后学，何敢妄拟前贤。然有成竹，无成竹，其实只是一个道理。"对"胸有成竹"与"胸无成竹"的"同一道理"，板桥在另一幅画的题识中又补充道："与可之有成竹，所谓渭川千亩在胸中也。板桥之无成竹，如雷霆霹雳，草木怒生，有莫知其然而然者，差大化之流行，其道如是。与可之有，板桥之无，是一是二，解人会之。"① 在我看来，胸有成竹，即是石涛所言"搜尽奇峰打草稿"，亦即板桥所说"天宁寺杏园中十万个竹"，这是艺术创作的感性经验积累问题；而板桥"胸无成竹"，则是讲创作过程中，伴随着画家的直觉、灵感，随手挥洒，都成妙迹。这种"莫知其然而然者"乃是在"胸有成竹"基础上的发挥，因此，在本质上"胸有成竹"与"胸无成竹"有共通之处。"无成竹"是指没有一定的定格去模仿，只是凭当下的艺术直觉；"有成竹"则是有生活积累和长期的技巧训练。两者所讲的侧重点不同。

板桥对墨竹深有研究。他很真实地介绍了自己的画竹过程：首先是能少不能多，接着是能多不能少，最后至六十开外，方知留枝减叶之法，多少皆能自如。画面上的多与少，全凭艺术家的

---

① 周积寅先生对此的解释是：文与可在绢上作画，动作慢，故有成竹；板桥在宣纸角度作画，必须快，故无成竹。这是从工具角度上的解释，可备参考。

主题决定——世上君子不嫌多，故多画，而对于金钱财富则无须多，因为这种东西再多也是相对的："一枝瘦竹何曾少，十亩丛篁未是多。勘破世间多寡数，水边沙石见恒河。"当别人觉得画大幅竹太难时，板桥告知了自己的创作经验："画大幅竹，人以为难，吾以为易。每日只画一竿，至完至足，须五七日画五七竿，皆离立完好。然后以淡竹、小竹、碎竹经纬其间。或疏或密，或浓或淡，或长或短，或肥或瘦，随意缓急，便构成大局矣。"这一方面体现板桥光明磊落的胸怀，不垄断技艺；另一方面又体现了板桥艺术创作的严肃性，绝非东涂西抹；从这段介绍文字中，亦体现了艺术创作的艰辛。别看一幅画，其耗费的时间、精力是巨大的。

就构图技巧而言，板桥既作竹石图，又作沙水竹石之图，要皆发掘竹所蕴含的君子人格之美。但即使如此，板桥的竹石图与前人的亦不同。他主要表现竹的生机。例如，他把自己的竹石图画法与东坡的做了比较："昔东坡居士作枯木竹石，使有枯木石而无竹，则黯然无色矣。余作竹作石，固无取于枯木也。意在画竹，则竹为主，以石辅之。"不取枯木，而主要取竹之生意。以石伴之，意指君子不孤。而所辅之石"反大于竹。多于竹，又出于格外也。不泥古法，不执己见，惟在活而已矣（乾隆甲戌重九日）"。又题画诗中："竹之在山不待言。《诗》曰：'淇泉绿竹'；史云：'渭川千亩竹'；少陵云'映竹水穿沙'，又曰：'懒性从来水竹居'。是竹不独爱山，又爱水也。今为沙水竹石之图，且系以诗曰：知仁山水分头乐，竹性由来兼得之。若使故逢鲁司冠，杏坛应种百千枝。"这样，板桥之竹，不仅体现仁者风范，还体现智者特征。仁智并德，是板桥对传统君子人格意蕴的拓展，是板桥时代追求知性精神在画竹艺术中的折射。

兰、竹、石合为一幅，虽非板桥独创，但板桥喜作"兰竹石图，其意乃在君子相伴，以免忧愁。""兰花质性太清幽，卖与人间不自由，如把竹枝兼石块，故交相伴免春愁。"通过题诗，使兰、竹、石三物以君子之德而相得益彰。

板桥非常自信，认为自己画竹，在"胸无成竹"这一点上，胜过文与可："信手拈来都是竹，乱叶交枝戛寒玉。却笑洋洲文太守，早向从前构成局。我有胸中十万竿，一时飞作淋漓墨。为风为龙上九天，染遍云霞看新绿。"在此，板桥对文与可的"胸有成竹"观点，实际上给予了委婉的批评。

板桥之竹，带有民间的生活情调，亦即李贽所讲的"迩言"之善的特征。他关心的是民生疾苦，所画之竹带有较强的"入世"和"俗世化"特征，并非纯粹的"君子人格"："一枝高竹独当风，小竹因依笼盖中。画出人间真具庆，诸孙罗抱阿家翁。""老干霜皮滑可扪，娟娟小翠又当门。人间具庆图堪画，却是家公领阿孙。"

在板桥所画的小幅竹石图以及单纯的竹轴作品中，有的带有很浓的禅意，现仅摘录其中一部分题识，我们可以揣测其画中的禅机、禅趣：

未出土时先有节，纵凌云处也无心。

——象征正直士子的节操与谦虚、率真品德。

> 画根竹枝插块石,石比竹枝高一尺。
> 虽然一尺让他高,来年看我掀天力。

——揭示后来居上的生活哲理。

> 静室焦山十五家,家家有竹有篱笆。
> 画来出纸飞腾上,欲向天边扫暮霞。

——一种诗情画意尽在其中。

> 遇着青山便栽竹,短长高下总清风。

——竹之品格总清高。

这些题识,将竹所蕴含的生机、昂扬向上的斗志,一一展示出来了,使人产生了画外有画的感觉。

> 疏疏密密复亭亭,小院幽篁一片青。
> 最是晚风藤榻上,满身凉露一天星。

——此幅题识,极写夏日夜晚的清幽惬意。

叶叶枝枝逐景生，高高下下自人情。
两梢直拔青天上，留取根丛雨作声。

——生活中无一物不是风景，要在人能欣赏。

邻家种修竹，时复过墙来。
一片青葱色，居然为我栽。

——人生妙处：既有"前人栽树，后人乘凉"的前后相续，亦有他人栽竹，为我欣赏之妙机。以邻为壑，不足取也。

幽篁一夜雪，疏影失青绿。
莫被风吹籁，玲珑碎寒玉。

——可谓清清白白，绝无混浊不堪之处。

不风不雨正晴和，翠竹亭亭好节柯。
最爱晚凉佳客至，一壶新茗泡松萝。

——清凉有佳客，亦人生相聚之一乐。

山僧爱我画，画竹满其欲，落年饷我脆萝卜。

——真挚的友谊尽在其中。

> 竹里秋风应更多,打窗敲户影婆娑。
> 老夫不肯删除去,留与三更警睡魔。

——不要忘却窗外真实的生活,昏昏欲睡。

这些小幅"墨竹",均属诗人、画家郑板桥在闲暇之余,抒发"性灵"之作。我们很难用语言、文字去解说这些小幅作品中的意蕴,而只有在俗念绝无的心境下,去体悟其中的自然美态、人生妙事、闲适的心境、真挚的友谊、生命的活力、生活中的辩证法等。诗添画中禅意,画为诗提供形象,相得益彰,共成妙品,实为人生劳作之后休闲的艺术,其审美价值正在于陶冶心灵,长人精神。[①]

三、丑石

石,在传统文化中,多象征坚定、永恒、不变,所谓"海枯石烂"乃是发誓之语。在近古时代,石以丑、雄而进入文人的审美视野。板桥对历史上画石的著名画家及其审美情趣,做了总

[①] 有一些小幅题咏,内容亦很俗气,有些题咏则无甚意义。这些题咏或是赝作,或是板桥庸俗一面之流露。

结："米元章论石，曰瘦、曰绉、曰漏、曰透，可谓尽石之妙矣。"苏东坡则更丰富了石的审美意蕴："石文而丑。"板桥认为："一'丑'字则石之千态万状，皆从此出。彼元章但知好之为好，而不知陋劣之中有至好也。东坡胸次，其造化之炉冶乎！"板桥画石，继承了东坡的精神，进一步使石之丑变成雄，使石之丑转为丑中之秀，深透艺术的辩证法则。

板桥画石，十分重视石之形象的丰富性，将其喻为文章，"谓其炳炳耀耀皆成文也，谓其规矩尺度皆成章也"。板桥画石，深得石涛"师法造化"之精髓，把石的多面性展示出来了。"画石亦然，有横块、有竖块、有方块、有圆块、有欹斜侧块。"（参见前文石涛论画山之文字）扬州市博物馆所藏之《柱石图》，则极尽石之雄奇。扬州市博物馆所藏另一幅《竹石图轴》，其中的石块以欹斜侧势，显现出石之坚韧和冲天气势。台北国泰美术馆所藏《竹石图轴》，又表现了石之雄奇、险峭之美。故宫博物院所藏《竹石图轴》，其中石壁以险峭取胜。石壁之上题字，有摩崖石刻之古趣，配以潇潇秀竹，整幅画面表现出一种中和之美：古奥与现实，刚健与秀美，枯劲与生动，无生命与有生命，人为与自然，均和谐地统一在一起。另有一幅写石的挺然直立以象征人格的水墨《石轴图》，把石的坚直意蕴充分地展示出来了。画中之题诗，更丰富了欣赏者的艺术想象力："谁与荒斋伴寂寥，一枝柱石上云霄。挺然直是陶元亮，五斗何能折我腰。"陶元亮，即东晋大诗人陶渊明，他因不满官场黑暗，弃官归隐。他有名句："吾不能为五斗米折腰。"板桥此画即取傲视权贵之意，以石抒发画家胸中不屈的倔强之气。板桥之石,还有一种傲然抗拒王侯之气。他在一幅《柱石图》的题识中说道:"老骨苍寒起厚坤,巍然直拟泰山尊。千秋纵有秦皇帝,不敢鞭他下海门。"秦始皇鞭石下海作桥,语出《三齐经纪略》。当年秦始皇想渡海观看太阳升起之处,神人则驱石下海,为始皇铺路。石行走不快,神人动辄以鞭,石皆流血。板桥画石,反此典故而用之,表现了一种抗拒皇权的精神。当然,板桥对皇权的态度也是矛盾的。在另一幅《柱石图》中,板桥又题道:"昔人画柱图,皆居中正面,窃独以为不然。国之柱石,如公孤保傅,虽位极人臣,无居正当阳之理,今特作偏侧之势,且系以诗曰:'一卷柱石欲祭天,休自尊崇势自偏。却似武乡侯气象,侧身谨慎几多年。'"歌颂诸葛亮谨慎辅佐刘禅的忠君行为,这是板桥思想的局限之处,表明他没有摆脱正统的忠君思想。

板桥往往反用典故,抒发自己心中机杼。在范县衙中作《三石图》,分寄三友,以示自己身虽为官而友谊不改之志。在画兴未尽之际,又作卧石一幅,以之表现自己的吏治才能,无须忙乱,仅需"卧理",借"卧理"形象含蓄地表达了对七品官之职的不满:

> 今日画石三幅,一幅寄胶州高凤翰西园氏,一幅寄燕京图清格牧山氏,一幅寄江南李鱓复堂氏。三人者,予石友也。昔人谓石可转而心不可转,试问画中之石尚可转乎?千里寄画,吾之心与石俱往矣。是日在朝城县,画毕尚有余

墨,遂涂于县壁,作卧石一块。朝城讼简刑轻,有卧而理之之妙,故写此以示意。

板桥作诗、画兰、画竹,始终有一个主题,那就是看惯人世间的世态炎凉,以一种超越心态审视人间的盛衰,画石亦然。在一幅《石轴图》中,板桥题跋道:"顽然一块石,卧此苔阶碧。雨露亦不知,霜雪亦不识。园林几盛衰,花树几更易。但问石先生,先生俱记得。"无知无识的顽石,以其默然不动的情怀,审察人世间的兴衰更替。这实乃是画家对翻云覆雨的世间凡人不恒其德的一种批判,"石"的这种不动声色的痴顽,实乃是保持自己个性、人格的一种深沉、成熟,是不为世间浮华所惑,而坚持自己一贯人生理想之表现。石之"介",即表现为石之中正、石之坚韧,板桥移情"竹石",自称:"非唯我爱竹石,即竹石亦爱我也。"这正是板桥的人格与兰、竹、石的交感。

板桥画兰、画竹,皆重视技巧,画石亦然。他在学画"一笔石"时,总结了画石的技法,看重平时积累:"然运笔之妙,却在平时打点,闲中试弄,非可率意也。石中亦须作数笔皴,或在石头,或在石腰,或在石足。"这些技法皆随具体情况而定。就技法的师承关系而言,板桥画石,曾经学过倪云林,然又不全学。其诗云:"欲学云林画石头,愧他笔墨太轻柔。而今老去心知意,只向精神淡处求。"他亦善从时辈中学,"郑家画石,陈家点苔,出二妙手,成此峦岩,傍人不解,何处飞来。陈馥、郑燮画并题"。这即是说,板桥画石的"点苔"技法,是向陈馥学习的。

板桥将兰、竹、石合轴，体现了人格追求的丰富性："劲如竹""清如兰""坚如石"，这是板桥对君子人格的高度概括。其晚年所作《题乱兰乱竹乱石与汪希林》中兰、竹、石图，以"乱"取胜，充分展示了其绘画技艺与思想认识均已臻致化境，表现了艺术家突破常规套路，自由奔放的境界。其题识文字表现了一种与世俗抗争的精神："掀天揭地之文，震电惊雷之字，呵神骂鬼之谈，无古无今之画，原不在寻常眼孔中也。未画以前，不立一格；既画以后，不留一格。"这短短的一段题跋，把艺术创作的个性化原则发挥到极致。

四、 板桥杂画

兰、竹、石，是板桥的专业题材，是板桥艺术个性和精神气质之所在。但历史上的郑板桥是一个活生生、血肉丰满的艺术家，他的感性生命触象生机，触物生趣，自然界的万物一旦纳入他的精神视野，便成为他抒发情性的工具。在现存的板桥画墨迹中，板桥对松、菊、牡丹、梅花、佛手、虾、蟹、菱、莲等题材皆有所涉及，显示了板桥绘画题材的丰富性。

山东博物馆藏《双松图》，乃是板桥为同学萧公老长兄所画，画上之双松，歌颂了萧公的恒德品质。而在双松之下，又画上几枝修竹，寓意萧公子孙"承承绳绳"，"皆贤人哲士"。此幅双松图寓意丰厚，既有歌颂君子之德的含意，又有祝福他人子孙贤哲的平凡生活之意。在《兰竹松石卷》（四川博物馆藏墨迹）题识中，板桥将兰、竹、松、石与百姓的米盐琐屑之事联系在一起，体现了板桥绘画的"世俗化"一面。该卷的题识说道："板桥居士为范县令，官事且不能办，何论家事！一应米盐琐屑，皆王君体一为予任其劳。暇日作画，亦以兰、竹、松、石之琐者报之，藏此不废，他日相逢犹记。匆匆不暇给也。"

板桥画梅的作品不多，其中的《牡丹梅花图》《梅竹图轴》，构思颇为巧妙。《牡丹梅花图》题诗云："牡丹花下一枝梅，富贵穷酸共一堆。莫道牡丹真富贵，不如梅占百花魁。"这幅画既含蓄地揭露了现实生活贫富不均的现象，又批评了世俗的富贵观。板桥认为，真实的富有与高贵，乃在于个人的品德。梅为百花之魁，其贵乃是品德之贵，而非权势之贵。

《梅竹图轴》主要突出君子相依之意。大约此幅《梅竹图轴》是板桥画梅之开始，故题识说"一生从未画梅花"。既画梅花，而又不独画梅，以梅竹相伴，以示君子不孤，相互理解，故题画诗云："今日画梅兼画竹，岁寒心事满烟霞。"

在板桥中进士后，他亦曾在喜悦之中画有《秋葵石笋图》，祝贺自己最终考中进士，获得了与状元郎相随的资格："牡丹富贵号花王，芍药调和宰相祥。我亦终葵称进士，相随丹桂状元郎。"

板桥曾经在读董伟业的《竹枝词》后，创作有《兰竹菊莲蓬菱蒜虾蟹图轴》，画面内容极具日常生活色彩。而将兰、竹、菊等象征士人品格的自然之物与民生日用的莲蓬、菱、蒜、虾、蟹融为一体，展示了板桥特有的精神气质，那就是：面对官场和上流社会时，保持着士人的操守；面对百姓生活时，则表现出一种关怀亲近之情。板桥绘画的基本精神，就表现在士人精神气质与世俗生活气息的联袂。文艺复兴之时，西方的人物画画家虽然仍以圣母像为题材，但像达·芬奇、拉斐尔、伦勃朗等人宗教画像中的圣母，均颇像各自民族的人间少妇，带有明显的"世俗化"倾向。到十九世纪印象派出现，凡·高的绘画则转向以农民及其生活为主题，表现了极大的人民性。欧洲绘画传统是以人物画为主，故文艺复兴以来，直到启蒙运动，欧洲的画坛是从自己的传统出发，表现出自己的时代精神。中国绘画传统主要是以山水画为主，特别是两宋文人画兴起以来，花鸟草木画蔚为大观。明中叶以前的文人花鸟画，多以抒发文人的气质、节操为主；明中叶以后，花鸟草木画虽然还保留着这一传统，但增添了民间生活的世俗气息。"扬州画派"中的一些画蒜、鱼等生活题材的作品以及板桥画竹及其题咏，便比较鲜明地体现了这一转向。中西画坛从各自传统出发，在近代文化的"俗世化"过程中，以自己特有的方式增添着大众生活气息，表现出与下层民众亲近的感情倾向。这是中西文化在近代化过程中所表现的"异中之同"。

五、 板桥画论

"个性化"的追求，是板桥艺术创作的总精神。在诗歌创作方面表现为"直摅血性"，在书法方面表现为"怒不同人"。在绘画方面，虽然仍贯彻这一"个性化"的原则，如画兰要画"郑家香"，画竹要画"板桥竹"，但由于绘画艺术本身的特殊性（即既要表达画家的个性，又要涉及画家与自然景物的关系），在师法自然与表达个性二者之间，有一定矛盾。再加上学术浸淫艺术领域，绘画技艺还涉及师法古人的问题。清初及清中叶的艺坛上，复古主义占主流地位。在这样的时代氛围之下，板桥的画论必须要针对上述三个问题，作出自己的回答。

本书的第四章在论及石涛时曾说过，石涛的"一画论"初步解决了师法自然与展示书画家个性、有法与无法、师古与师心的问题。板桥深受石涛的影响，对上述三个问题的回答基本上是沿着石涛的思路而在具体问题上有所深化。

在"师法自然"的问题上，板桥的观点是这样的："古之善画者，大都以造物为师。天之所生，即吾之所画，总需一块元气团结而成。"明确肯定要以自然为师。有时即使是一小幅画兰的作品，板桥也是取材于"山脚下洞穴旁之兰，而不是盆中磊石凑栽之兰"，在板桥看来，只有这样的作品，才能含有"一块元气"。

在板桥画兰、画竹的题识中，多次提到了他从自然、现实生活中汲取灵感的事例，表明他在实践中是贯彻"以造物为师"的原则的。

对师法自然与表现艺术家个性的关系问题，板桥的看法比较辩证。他认为这里有一个"天人交相作用"的过程。他说："大率作画之道，先从天而入于人，则规矩法律井然；后从人而返于天，则造化生成无迹。"艺术家必须首先向自然、社会生活学习，然后运用艺术家个人的艺术直觉，使物我之间、意与境之间达到高度的统一。用板桥自己的话来说，即是：

> 敢云我画竟无师，亦有开蒙上学时。
> 画到天机流露处，无今无古寸心知。

诗句中的"开蒙上学时"，即是指向自然学习的阶段。超越了这一阶段，而进入"从人返于天"的"天机流露"境界，便可以创造出"无今无古"的作品了。

中国传统的山水花鸟画，特别重视传达自然界景与物之"神"。这一绘画理想与道家"自然主义"所包含的泛神论思想有关。板桥亦注意自己所画兰、竹的生命气息。在画兰时，注意"兰"的"春夏之气"，即勃勃的生机；在画竹时，注意竹之"活"、竹之"神"、竹之"生"，要皆能得"花竹情理"。他在一幅《竹石图》的题跋中说道，之所以石大于竹，石多于竹，"出于格外"，要在"不泥古法，不执己见，惟在活而已矣"。这一"活"的审美理想，即是板桥所说："虽然一尺让他高，来年看我掀天力。"竹有生命，画中之竹亦有生命，眼前虽少、虽矮，日后会多、会高。板桥的绘画给欣赏者留下了广阔的思维空间。板桥一再告诫人们，画竹"不贵拘泥成局，要在会心人得神"。竹之神何在？"瘦劲孤高，是其神也。"竹不仅有"神"，还有"生"，有"节"，有"品"："豪迈凌云，是（其）生也；依于石而不囿于石，是其节也；落于色相而不滞于梗概，是其品也。"

板桥对竹所做的理解，既得之于自然之竹，又把个人思想、情感移情于竹。竹与板桥，两相交融。而板桥对竹的理解如此透彻，亦是得之于石涛的启迪。他认为，石涛画兰竹，"深得花竹情理"，所以"仿佛其意"，为竹写神、写生、写节、写品。

板桥将石涛的"一画论"运用到花鸟竹石画方面，既继承了石涛的"一画论"，又丰富了石涛的"一画论"，可谓善师前人而又不落成套。他的"无古无今之画"，便是学习前人又不囿于前人的最好答卷。

第八章 "呵神骂鬼之谈"——《板桥家书》及其文论

唐末杂文家陆龟蒙，曾在《野庙碑》一文中，将封建政府的官吏比为祸害民众的真正鬼神。这些"鬼神"，平时"升阶级，坐堂筵，耳弦匏，口粱肉，载车马，拥徒隶"，"平居无事，指为贤良，一旦有大夫之忧，当报国之日"，则仓皇逃窜，"乞为囚虏之不暇"。而民众供奉得稍不如意，便"发悍吏，肆淫刑"，暴虐百姓。这些官吏较之鬼神更为残虐，更有现实危害性。在板桥生活的时代，所谓的神与鬼即是统治阶级上层与下层的头面人物。他们在上即为神，在下即为鬼，而装神弄鬼，借古人的僵尸，借祖宗的地位、权势，借现实中拥有的金钱、财富，到处欺行霸市。面对这一生活中的丑恶现象，板桥不像一般封建文人，口不臧否人物而腹诽之，而是放言评论，呵神骂鬼，公开表达自己的是非、善恶观点，以真而狂，狂中显真，因真而显示出勇的品格。

一、"人神上帝，皆人心之慕愿以致其崇极尔"
——板桥"原神"

在板桥作《新修城隍庙碑记》之前的半个多世纪，大思想家黄宗羲作《明夷待访录》，写下了《原君》《原臣》《原法》等雄文，站在批判专制政治、呼吁民主政治的立场上探讨了君、臣、法的真正含义。

在黄宗羲之后的半个多世纪，诗人、艺术家、思想家郑板桥，写出了"原神"妙文《新修城隍庙碑记》，在迂回曲折的散文笔法中，剥离了"人神""天神"的神圣面纱。

在板桥看来，天地间的所谓圣物麟、凤、蛇、龙，"各一其名，名一其物，不相袭也"。人与天地亦如此，各有其性："故仰而视之，苍然者天也；俯而临之，块然者地也。其中之耳目口鼻手足而能言，衣冠揖让而能礼者，人也。岂有苍然之天而又耳目口鼻而人者哉？"人与天不相混。天不可能有人的耳目口鼻，因而不会像人这样能思维，能言说。天与地，只是自然现象。

为什么人把"天"称为"上帝"呢？为什么世俗中有玉皇大帝呢？这是人们"神道设教"的结果。人们把自己的"耳目口鼻手足冕旒"加于上帝身上,让他执玉牌,获得人的形象,然后"又写之以金,范之以土,刻之以木,琢之以玉;而又从之以妙龄之官,陪之以武毅之将"。最后代代相传,世世相袭,"而又予之以祸福之权,授之以死生之柄;而又两廊森肃,陪以十殿之王;而又有刀花、剑树、铜蛇、铁狗、黑风、蒸鬲以惧之"。于是,人们便真的"哀哀然从而惧之矣"。

在这一大段冷静而细致的叙述中,板桥巧妙地将自然之"神"还原为自然之天,含蓄地告诉人们:神,只不过是我们人类自己心造的幻影,不足畏惧。

然而,现实的神庙是可怕的,"每至殿庭之后,寝宫之前,其窗阴阴,其风吸吸",令人"毛发竖栗,状如有鬼者"。这便是"古帝王神道设教"所要达到的威慑效果。而封建社会现实中的衙门,亦似神庙一般,虎狼爪牙排列两旁,皂隶、舆台蜂随于后,胥吏、快捕四处侵扰,百姓见官如见神,见胥吏如见小鬼,不如此,不足以显示衙门的神威。因此,神庙即是封建衙门的象征。

神有不同类型,有"人而神者也","伏羲、神农、黄帝、尧、舜、禹、汤、文、武、周公、孔子"之类即是,对于这些"神",应当"以人道祀之"。有"神而不人者也",如"天地、日月、风雷、山川、河岳、社稷、城隍、中溜、井灶"之类,对于这些神,则"不当以人道祀之"。自古圣人对此虽"皆以人道祀之",但无非是"姑就人心之慕愿,以致其崇极云尔"。在板桥时代,不可能像李贽那样激烈地反传统,不可能像黄宗羲公开地批评专制君主那样，批判"人而神""神而不人"的两类之神，他只能以诉之于史的冷静探索来剥下"神"的神圣外衣，只能在"探千古礼意"的学术考证形式下批判世俗的迷信。板桥之前的毛奇龄、阎若璩、胡渭是如此，而稍后于板桥的大思想家戴震，也只能在《孟子字义疏证》之中，批判理学"以理杀人"的本质。相比黄宗羲《原君》《原臣》《原法》的批判锋芒来说，板桥的《新修城隍庙碑记》的确显得太平淡了些。但其中所蕴含的历史批判理性，与李贽，清初顾、黄、王三大家是一致的。他虽然没有公开地"非周公而薄孔子"，但把周公、孔子之类的"人神"还原为人，将"人而不神"的自然神还原为客观的自然现象，且又是在官方的文章形式中宣传无神论的思想，也是间接地表达了反权威的思想。这一在"原神"的形式下所表达的温和的"无神论"思想，与明清之际的历史批判精神是一致的，显示了中国早期启蒙思想的内在联系。

二、"盗贼亦穷民"
——板桥的叛逆思想

在逼民为盗为娼的时代，敢于公开同情盗贼，并把盗贼亦纳入"民"的范畴，乃是板桥对当时占主导地位的法律思想的挑战。

在板桥诗词中，多次批评了封建官吏借赋税扰民的行径，并公开把矛头指向了不合理的赋税政策。这一赋税政策，致使百姓在丰年时亦有受饥的威胁。正是从同情下层民众的角度出发，板桥在《家书》中公开表达了自己对下层贫苦人民的同情，教育子弟不要害怕盗贼，他们不是三头六臂的魔鬼，其实只是一般的穷民罢了。《范县署中寄舍弟墨第二书》中，其弟与板桥商量买房事宜，认为不宜在空旷之地建房、买房，这种房子，盗贼最易偷袭。但板桥则告诫其弟道："不知盗贼亦穷民耳。"他甚至说，如果他们真的来盗窃东西，可以"开门延入，商定分惠，有甚么便拿甚么去；若一无所有，便王献之青毡，亦可携取质百钱救急也"。这是做了范县县令之后的郑板桥从实际的政治生活中获得的认识。这种认识，使得他与封建官府的要求愈远，而与人民的感情愈近。故他在范县时，讼简刑轻，狱中少有犯人，政绩显著，为人民所爱戴。

在《潍县竹枝词》中，有三首诗描写穷民被诬告为盗为偷的事件，从一个侧面表明了板桥体察民情、同情下层人民的思想。第一首是写小盐贩被豪商与官家合作捉拿，然后打成罪人的事实。可是这些人都是为生活所迫贩盐，绝不是有意违反官方的命令。真正走私盐的恰是富豪大商，而这些富豪大商与官方是串通一气的。漏吞舟之盗之贼，网虾米穷民平民，这便是封建法律的实质。板桥写道：

绕郭良田万顷赊，大都归并富豪家。

可怜北海穷荒地，半篓盐挑又被拿。

异本《竹枝词》有一首诗,揭露了"康乾盛世"下官卖食盐告绝,私卖又怕官府,商人又无资本的艰难局面:"行盐原是靠商人,其奈商人又赤贫!私卖怕官官卖绝,海边饿灶化为磷。"一方面海边产盐灶户的盐卖不出去,另一方面人民日用所需的食盐又断绝。短短一首诗,揭示了一个道理:清政府是导致人民生活困窘的祸根。它自己无力让商品流通,又阻止一般小商小贩贩卖食盐,并用武力来捉拿他们。这个政府不仅与民争利,还陷民于水火。这是多么不合理的社会呀!这不是诬民为盗吗?

不错,的确也有一些铤而走险的人,拿起刀枪,干起杀人越货的勾当。但这些人亦不是天生的强盗,其父母更是善良之辈,只是逼不得已而走上了反抗的道路。像《后孤儿行》中的孤儿不正是如此吗?诗人无法为这些人辩护,而只是从同情他们的"父母妻儿"的角度来同情这些铤而走险的人。他没有对这些"明火执仗"之盗表示出斩尽杀绝而后快的意思,就在于他对民众的生活及其心理活动是理解的:

二十条枪十口刀,杀人白昼共称豪。
汝曹躯命原拚得,父母妻儿惨泣号。

可以说,板桥在处理这些案件时,心里是十分矛盾、十分痛苦的。不杀这些人,难以向上司交差;杀了这些人,又苦了他们的父母妻儿。因此他干脆来个折中原则:对于这些按官律论为强盗之人,"主捕不主杀",一来可向上司交差,二来可以使这些人在牢里获得最低的生活标准。这当然是板桥"爱民"的一片苦心。他以伤人心肺的笔调写道：

> 放囚出狱泪千行，拜谢君恩转自伤。
> 从此更无牢粥饭，又为盗窃触桁杨。

这首诗与美国现代作家欧·亨利的短篇小说《警察与小偷》所揭露的社会不公正，有异曲同工之妙。欧的小说描写了一个小偷想通过犯罪而坐牢，从而获得一日三餐的故事。但当这个小偷在教堂里忏悔，不想做偷盗之事时，却又被警察抓到牢里。欧氏的小说着意揭露十九世纪末二十世纪初美国社会的荒诞。板桥的诗则着意揭露清"盛世"下"君恩"的虚伪性、荒唐性。这种同情"盗贼"的思想认识充分地体现了板桥思想的人民性，表明他对偷盗行为有较深刻的辩证认识。《潍县署中谕麟儿》① 中说道：

> 窃贼固当置之于法，然彼为饥寒所迫，不得已铤而走险，不偷农户而窃宦家，彼亦知农民积蓄无多，宦室储藏丰富，窃之无损毫末，是即盗亦有道之谓欤？于其农家被窃，宁使我家被窃，尔可转禀四叔，不必报官追赃，只须以后门户留心，勿再使穿窬入室可耳。

---

① 卞孝萱以为此为伪作，然可以看作与板桥精神相同。伪有不伪存也。

《小豆棚》中记载，板桥断案时，左富豪而右窭子，正是这种法律思想在实际吏治中的生动体现。

三、"谁非黄帝、尧、舜之子孙"
——板桥的人道情怀与平等思想

近代文化思想的一大特征，就是提倡现实生活中人人平等。它与原始儒家所提倡的先验德行平等，肯定实际生活中的不平等思想大相径庭。板桥反对从等级、特权的角度来划分人、对待人，要求把人都看作是黄帝、尧、舜之子孙。他的呵神骂鬼言论的内容之一，就在于对现实中的等级、特权思想公开地进行批判。在《雍正十年杭州韬光庵中寄舍弟墨》中，板桥说道：

> 谁非黄帝、尧、舜之子孙，而至于今日，其不幸为臧获，为婢妾，为舆台、皂隶，窘穷迫逼，无可奈何。非其数十代以前即自臧获、婢妾、舆台、皂隶来也。

现实中的不平等，是因为人们的不幸，而不是因为其天生就如此卑贱。这种批判的矛头，很显然指向了现实社会。他虽不甚明白为什么有这种种不幸，但把现实的不平等归之为人生不幸，而不看作是与生俱来的，则又有一定的进步性。人皆为黄帝、尧、舜之子孙，意谓人皆兄弟、姐妹，本应平等。这相当于西方文化中所说的人皆是上帝之子民。只是中国有悠久的血缘文化的历史传统，故而从谱系角度来阐明问题。板桥反对世上"一二失路名家，落魄贵胄，借祖宗以欺人"的做法。他认为，人生在世，只要"发奋有为，精勤不倦"，就可以改变自己贫困、卑贱的生活状态，就可以跻身于富贵之列。"王侯将相宁有种乎！"

当然，板桥还只是同情现实中贫困、卑贱之人，他似乎还没有意识到这种不平等是由社会的不合理造成的，而只是天真地寄希望于个人的"奋发有为，精勤不倦"，这又表明他对社会的认识还不够深刻，还未上升到应有的理论形态。但他的实际做法，则又超越了他的思想认识。他还在当秀才时，就"捡家中旧书簏，得前代家奴契券，即于灯下焚去，并不返诸其人"，在实际行动上与统治阶级决裂。他发誓："自我用人，从不书券，合则留，不合则去。"表现出新的"用人"理想——自由的精神契约。这种带有士大夫意趣相投特征的自由"用人"思想，恰恰是清初商品经济发展，劳动者自由出卖自己劳动力的现实在板桥思想中的反映，是历史借助特殊的历史人物，以特殊的语言方式表达出来的新动向。据历史记载，当时江南重要商业城市苏州，就有许多雇佣工人，这些雇佣工人即是自由出卖自己劳动力的劳动者。《奉各宪永禁机匠叫歇碑记》中记载："苏城机户，类多雇人工织，机户出（资）经营，机匠计工受值……至于工价，按件而计，视货物之高下、人工之巧拙为增减。"这些"计工受值"的机匠即是自由出卖自己劳动力的最初的"无产者"。在当时的云南铜矿内部，有一部分常年受雇的"月活"，他们有固定工资，保持着人身自由,"按月支给工价,去留随其自便"①。只是板桥在《家书》中表达的精神"契约",更具有乌托邦色彩。

板桥反对家里人以主户的态度来对待佃户,要求家里人用人道的精神同情佃户的处境。这有点像托尔斯泰同情俄国的农民,是一种站在统治阶级立场,在不反对剥削阶级制度的前提下,同情农民的处境的行为。但其中包含有新的平等精神。在《范县署中寄舍弟墨第四书》中,板桥说道:

> 愚兄平生最重农夫,新招佃地人,必须待之以礼。彼称我为主人,我称彼为客户,主客原是对待之义,我何贵而彼何贱乎?要体貌他,要怜悯他。有所借贷,要周全他。不能偿还,要宽让他。

主户与客户的相对性,当然还很难说是真正现代意义上的"平等",但其中所包含的泯灭等级制鸿沟的新思想因素是十分明显的,而且与当时的历史现实相一致。据历史记载,到嘉庆年间,南方的佃主与佃户之间的关系已没有主仆的名分了。② 乾隆五十五年,大清法律对"雇工人"一条做了修改,规定"若农民佃户,雇倩耕种工作之人并店铺小郎之类,平日共坐共食,彼此

---

① 吴其濬《滇南矿厂图略》附《铜政全书咨询各厂对》,第6页。
② 参见戴逸主编:《简明清史》第一册,北京:人民出版社,1980年版,第356页。

平等相称，不为使唤服役"。板桥此封家书大约作于乾隆九年。从生活中的问题总出现在法律条文之前的一般规律来看，板桥家书中所表现的"主客相对"思想，既是对现实生活中新动向的及时反映，又是该时代新思想的最初表述。而其中同情佃农的人道主义思想，则是值得肯定的。

板桥反对当时社会的土地兼并，认为占田过多，罪莫大焉。他在不能改变社会兼并现实的情况下，坚持自己的"人道"经济思想，表现出独立不苟、抗衡世俗的精神。板桥说：

> 吾家业地虽有三百亩，总是典产，不可久恃。将来须买田二百亩，予兄弟二人，各得百亩足矣，亦古者一夫受田百亩之义也。若再求多，便是占人产业，莫大罪过。天下无田无业者多矣，我独何人，贪求无厌，穷民将何所措足乎！

对"世上连阡越陌，数百顷有余者"的情况，板桥只好独自坚持自己的人道理想，"他自做他家事，我自做我家事，世道盛则一德尊王，风俗偷则不同为恶，亦板桥之家法也"，表现出思想家不同流俗，在现实中忠实履行自己思想的"知行合一"品德。

板桥的"人道"精神，还贯穿于家庭教育之中。《潍县署中与舍弟墨第二书》中，他告诫其弟，教育子弟时，要"长其忠厚之情，驱其残忍之性"。板桥说道：

> 我不在家,儿子便是你管束。要须长其忠厚之情,驱其残忍之性,不得以为犹子而姑纵惜也。家人儿女,总是天地间一般人,当一般爱惜,不可使吾儿凌虐他。凡鱼飧果饼,宜均分散给,大家欢嬉跳跃。若吾儿坐食好物,令家人子远立而望,不得一沾唇齿,其父母见而怜之,无可如何,呼之使去,岂非割心剜肉乎!

板桥这种将心比心、推己及人的仁爱情怀,既受孟子思想的影响,大约亦与他童年的经历有关。他三岁丧母,家庭又不富裕,其孩提时的各种要求很难被满足。故童年的记忆刻骨铭心,长大以后,不忍他人亦受如此心理折磨。这种忠厚之情便构成了板桥的人道情怀的底蕴。板桥把"明理作个好人"看作是人生的第一要义,反对当时社会占统治地位的价值观念:"读书中举中进士做官"。板桥说:"夫读书中举中进士做官,此是小事,第一要明理做个好人。"这种"明理"的好人,就在于能"体天之心以为心","忠厚悱恻",尊重万物,尊重生命,尊重师友,而不以富贵子弟的特权身份去欺侮他人。这种家庭教育,虽然仍是以"尊德行"为主要内容,但这种"德行"已包含有人道精神。这种人道精神,实际上亦包含着平等待人的思想。

四、"天地间第一等人，只有农夫，而士为四民之末"
——板桥的重农思想

在"万般皆下品，唯有读书高"的官本位文化价值系统里，农夫处在社会的最下层。尽管在官方文化价值层面，有重农轻商的取向，但商人因为经济实力雄厚，在现实生活中反而拥有较高的社会地位。从阶级分析的角度看，"重农轻商"仅是封建社会对行业的不同态度罢了。跻身于剥削阶级行列的富豪大商，他们是享有剥削者的一切特权的。特别是明清之际的江南一带，由于社会经济的发展，手工业者、商业者，特别是大商大贾，往往与达官贵人密切来往，垄断一方，其实际社会地位又高于一般寒介之士。在这样一个权钱垄断的社会里，板桥独称"农夫"为天下第一等人，批评一些"锐头小面"的读书人，实乃真正的"呵神骂鬼"之谈。板桥这样说道：

> 我想天地间第一等人，只有农夫，而士为四民之末。农夫上者种地百亩，其次七八十亩，其次五六十亩，皆苦其身，勤其力，耕种收获，以养天下之人。使天下无农夫，举世皆饿死矣。（《范县署中寄舍弟墨第四书》）

这把"圣人养天下"和"无君子莫养小人"的专为剥削者辩护的理论，用最质朴的道理给驳倒了。社会财富主要是农夫创造的，没有农夫就没有饭吃，这从经验论的角度肯定了农夫的地位。板桥的这种观点在本质上与李贽的新伦理观是一致的，即社会的价值观应该从基本的物质生产出发，确定谁贵谁贱、何贵何贱。这也表明，明中叶以来，早期启蒙思想有着精神脉络上的前后一致性。

板桥认为，士人之所以高于农夫一等，乃在于他们凭借自己的德行和才能，对社会做出贡献，如果失去这一根本的价值，只知为自己谋利，就沦为四民之末。这是板桥理想中的读书人，是超越了阶级局限性，代表社会公平、正义、良心，与人民为伍，站在人民一边的理想之"士"。而当时社会现实中读书人是什么样子？"今则不然，一捧书本，便想中举、中进士、作官，如何攫取金钱、造大房屋、置多田产。起手便错走了路头，后来越做越坏，总没有个好结果。其不能发达者，乡里作恶，小头锐面，更不可当。"因此，板桥认为，这样的士人怎么能作为四民之首呢？连居四民之末都不可得，因为他们对他人、对社会都没有任何好处，连工人、贾人亦不如："工人制器利用，贾人搬有运无，皆有便民之处。而士独于民大不便，无怪乎居四民之末也！且求居四民之末而亦不可得也。"像《儒林外史》中的严贡生，危害乡邻，欺骗行诈，不正是板桥所骂的"锐头小面"人物！

这里有一个值得注意的问题：在明清之际，资本主义经济已经在江南地区萌芽，此时提倡"重农"是不是一种历史倒退呢？与黄宗羲的"工商皆本"的思想是否有矛盾呢？我认为没有。第一，郑板桥把农夫看作第一等人的时候，没有否定"工商"的作用，而是肯定他们的"便民"行为；第二，黄宗羲的"工商皆本"思想，并没有否定农业的作用；第三，无论是板桥，还是黄宗羲，他们都是从"利民"、"切于民用"、有利社会财富增长和流通的角度来肯定各行各业的价值，也即是从社会功利角度来肯定各种行业的价值，这正是那个提倡"功利"的时代精神之体现，只是各个历史人物的侧重点不同罢了。黄宗羲的"工商皆本"一词，着一"皆"字，就首先肯定了农业为本，它只是"农、工、商皆本"的省略表达。无论是黄宗羲，还是黄宗羲之前的李贽，他们肯定工商业的重要性时，都没有，也不可能否定农业的首要地位。这与当时中国社会实际情况极一致。当时的中国工商业虽有发展，但还没有上升到取代农业的地位，就整个社会经济而言，农业还是主导的。板桥的思想并没有违背当时社会经济现实。

板桥的"重农"思想，还与他长期生活在农村，对农民有特别的感情有关。而他厌恶富商豪绅，亦与他中年落拓扬州，受到富商豪门的冷落有关。思想家的思想，离不开他个人的生命感受。

五、"学者自出眼孔，自竖脊骨可尔"
——板桥的独立意识

在现实生活中，板桥敢于冲破种种流俗观点，在学术、艺术、思想领域，板桥坚决主张独立思考，提出独立见解，反对人云亦云，反对死于古人、今人之下。在《板桥自序》中，他认为自己的读书态度是"能自刻苦"，"自愤激，自竖立，不苟同俗，深自屈曲委蛇，由浅入深，由卑及高，由迩达远，以赴古人之奥区，以自畅其性情才力之所不尽"。在《范县署中寄舍弟墨第三书》中，他批评了"竖儒"的历史观，认为《春秋》不过是真实历史的十分之一的史实记载罢了，"在《书》之外，复有书也"。春秋为极乱之世，夏殷之际、殷周之际，又何尝不是极乱！因此，他告诫其弟要善于读书，只有"诚知书中有书，书外有书，则心空明而理圆湛，岂复为古人所束缚，而略无主张乎！岂复为后世小儒所颠倒迷惑，反失古人真意乎"？总而言之，"读书要有特识，依样画葫芦，无有是处"，"而特识又不外乎至情至理"。板桥对待学术的态度是："学者自出眼孔，自竖脊骨读书可尔。"这与傅山一贯反对"奴儒""奴君子""世儒"的俗见，提倡历史批判精神，是一脉相承的。在《霜红龛集·学解》一文中，傅山批评了"世儒之学"："世儒之学无见。无见而学，则瞽者之登泰山泛东海，非不闻高深也；闻其高深，则人之高之深也。""后世之奴儒，生而拥皋皮（虎皮）以自尊，死而图从祀以盗名，其所谓闻见，毫无闻见也，安有所谓'觉'也？"[①]

凭借这种独立精神，在学习古人、师法古人时，板桥强调艺

[①] 参见萧萐父、许苏民著：《明清启蒙学术流变》，沈阳：辽宁教育出版社，1995年版，第419—428页。

术家要"灵苗自探",不能完全依从他人。在《题画》中,板桥说道:"石涛和尚客吾扬州数十年,见其兰幅,极多亦极妙。学一半,撇一半,未尝全学。非不欲全,实不能全,亦不必全也。诗曰:十分学七要抛三,各有灵苗各自探;当面石涛还不学,何能万里学云南?"艺术的基本精神,贵在"各探灵苗",舒展个性,这便是板桥"不必全学"他人的根本理由。即使是同辈或朋友,板桥亦不与之雷同。他说:"复堂李鱓,老画师也。为蒋南沙、高铁岭弟子,花卉翎羽虫鱼皆妙绝,尤工兰竹。然燮画兰竹,绝不与之同道。"而李鱓亦因此而称赞板桥"能自立门户",并不以之为介意。在八大山人与石涛的面前,板桥始终强调个人的面目:"八大只是八大,板桥亦只是板桥,吾不能从石公矣。"所谓"师其意",乃是板桥对古人、今人艺术之长的基本学习态度,其目的是确立自己的面目。"自立门户""发愤自雄""怒不同人""自铸伟词"是板桥一生的自觉追求,要在不同流俗,以个性取胜,以自我面目取胜。

板桥的自竖脊骨,还有一层意思,即要在金钱、势力面前保持张力,不为金钱、权势所压倒。在《与江昱、江恂书》中,板桥说道:"学者当自树其帜。凡米盐船算之事,听气候于商人。未闻文章学问,亦听气候于商人者也。"对于当时扬州士人奔走于权贵富商之门,"以其一言之是非为欣戚,其损士品而丧士气"的不良社会现象,板桥大加痛斥。在板桥看来,文章是用来开心明理、醇化风俗的,"切不可趋风气,如扬州人学京师穿衣戴帽,才赶得上,他又变了"。这种缺乏独立自持的行径,只能一朝衰败。他对江氏兄弟的自树旗帜行为表示称赞，并愿为之效劳。在《与杭世骏书》中，板桥劝诫朋友，要利用其地位，向当年欧阳修学习，"一洗文章浮靡积习"，不要"因循苟且，随声附和，以投时好"。这些，均体现了板桥独立不苟的精神。

六、"文章以沉著痛快为最"
——板桥的文艺美学思想

在清初及清中叶的诗坛与文坛上，盛行着各种理论主张。有顾炎武、黄宗羲、王夫之等人的深邃诗论、文论，有叶燮《原诗》所提出的系统理论主张，有"桐城派"的文论。但就其理论与时代的需要相联系这一点来看，以王士祯的"神韵说"、沈德潜的"格调说"、袁枚的"性灵说"影响最大。"神韵说"，就其理论内涵来说，颇为丰富，但其精髓乃在于强调"不著一字，尽得风流"的蕴藉、含蓄之美。这恰好迎合了清初顺康以后士人的心理。文人们一方面被康熙的"文治武功"所迷惑，逐渐消除了顾、黄、王的反抗意志；另一方面又不好立即歌功颂德。这样，淡化政治情结的"神韵说"就受到了清初以至清中叶文人们的喜爱。在这种审美理论指导下，诗歌创作主要追求一种与现实民生疾苦无关的空灵、淡远之美，最终引导诗人脱离现实。"神韵说"的创始人王士祯，在他晚年选编的《唐诗三昧集》中，对"以雄鸷奥博为宗"的李、杜诗歌，全然不录，这就使"神韵说"走向了反面。在板桥时代，尽管"格调说""性灵说"影响很大，但沈德潜乃板桥同时代人，袁枚乃板桥同时稍后的晚一辈人，他们的诗论还未进入板桥的批评视野。王士禛一度曾为扬州司理，又主持过"红桥修禊"活动，对全国诗坛，尤其是江南诗坛影响极大。板桥的文论、诗论思想，主要是针对"神韵说"流弊而发的。他的文论、诗论是对清初顾炎武"经世文学"主张的继承。

在这种"经世文学"思想影响下，板桥反对描风慕月、仅仅抒发才子风月之情的绣花文字，提倡以是否反映民生疾苦、关怀现实作为文章好坏的评价标准，提出了"文章以沉著痛快为最"的美学主张。在《范县署中寄舍弟墨第五书》中，对杜甫诗中所包含的"一种忧国忧民忽悲忽喜之情"，倍加推崇，认为其诗有"痛心入骨"之感，这正是"沉著痛快"的风格体现。在《潍县署中与舍弟第五书》中，板桥说道："文章以沉著痛快为最，《左》、《史》、《庄》、《骚》、杜诗、韩文是也。"

在《与江昱、江恂书》中，又将这种"沉著痛快"之文比之为佛教中的"大乘法"，而将"六朝靡丽"之文称为"小乘法"。肯定"大乘法"文章，否定"小乘法"文章。"大乘法"的文章："《五经》《左》《史》《庄》《骚》，贾、董、匡、刘、诸葛武乡侯、韩柳、欧、曾之文，曹操、陶潜、李、杜之诗，所谓大乘法也。"这些"大乘法"文章"理明词畅，以达天地万物之情，国家得失兴废之故。读书深，养气足，恢恢游刃有余地矣"。至于"六朝靡丽，徐、庾、江、鲍、任、沈"等"小乘法"之文，"取青配紫，用七谐三，一字不合，一句不酬，拈断黄须，翻空二酉"。这些"小乘法"文章"究何与于圣贤天地之心，万物生民之命"？

因此，板桥坚决反对用"不宜道尽""言外有言""味外有味"的标准来衡量一切文章，认为这种标准只能胜任绝句、小令等文体，而历史画卷，描摹现实，分析道理，状写英雄业绩之类的大文章，则应该表现出"沉著痛快"的雄浑气势，否则就无法表现出历史本来面目。板桥说道："至若敷陈帝王之事业，歌咏百姓之勤苦，剖析圣贤之精义，描摹英杰之风猷，岂一言两语所能了事？岂言外有言，味外取味者所能秉笔而快书乎？吾知其必目昏心乱，颠倒拖沓，无所措其手足也。"

板桥亦肯定王维、孟浩然诗作"有实落不可磨灭处"，只是因为他们的诗作太注意修饰，而"到不得李、杜沉雄"。司空图又下于王、孟一二等。至于现实中"不及王、孟、司空万万，专以意外言外，自文其陋"的小夫，更不配谈什么"言外有言，味外取味"了，像王摩诘、赵子昂等人，因为其平生诗文不关民间痛痒，故只能是唐宋间的画师罢了。概括地说来，"沉著痛快"的审美特征，实际上是惊心动魄的历史事件，关心民生疾苦的现实内容，通过感人的形式表现出来的文学作品所具有的美学风格。板桥对"门馆才情，游客伎俩"十分鄙视，认为他们："只合剪树枝、造亭楼、辨古玩、斗茗茶，为扫除小吏作头目而已，何足数哉！何足数哉！"他一生最讨厌那些所谓"锦绣才子"，认为他们是"天下废物"，因为其文字"与万物生民之命"无关，其作品发出的声音只是"同于蟋蟀之鸣，蛱蝶之舞"，不足道也。

当然，板桥这种功利主义的审美观亦有偏颇。特别是他贬低陆贾的《新语》、杨雄的《太玄》《法言》、王充的《论衡》等著作，认为这些著作与"六经"相比，"犹苍蝇声耳"，这又太显得武断而且荒谬了。但他的"沉著痛快"的审美观，对纠正当时文坛纤弱之风，以及"格调说""肌理说"所带有的形式主义缺陷，是有积极意义的。他所提倡的这种"沉著痛快"的审美风格，实际在追求一种崇高之美、阳刚之美，是他要求"立功天地，字养生民"的英雄主义人生理想在文学理论中的折射。这一文学理论与正统儒家所提倡的"文以载道"文论思想和"怨而不怒""温柔敦厚"的诗教传统又有所不同，那就是强调创作主体当下的真切感受，无须"引经断律"，要能"抽心苗，发奥旨，绘物态，状人情，千回百折而卒造乎浅近"。表现出作者"真气"，"绝不受古人羁绁"。因此，板桥在《与丹翁书》中说："千古文章，只是即景即情，得事得理，固不必引经断律，称为辣手也。"[1]

值得重视的是，板桥论诗论文，引入"公道""私情"两个新概念。他认为，若从"公道"出发，论文必须用"生辣""古奥""离奇""淡远"等标准，若从"训子弟"的"私情"出发，则只宜用秀美、妍妙等标准。所谓"公道"的标准，乃是从文学的社会功利角度出发来评价文学的价值；所谓"私情"，乃是从个人的"富贵考寿"角度评价文章的价值。板桥将"公道"与

---

[1] 案：板桥批评"六朝靡丽"文风，有其合理之处，但一概否定徐、庾、江、鲍的文章，则失之偏颇。他们的文章除了华丽的文辞之外，亦包含有一定的个人感受，特别是庾信、鲍照的文章也有一定的社会内容在其中，有些也是"即景即情"的文章，不可小觑。

"私情"割裂开来，恰恰反映了早期启蒙者内心的矛盾。

合而观之，板桥的诗论、文论，表现出将清初的经世传统和发愤抒情的个性主义传统融为一体的综合性特征。

七、"善恶无不容纳者，天道也"
——板桥朦胧的自由思想

在专制主义统治下，善与恶是绝对的对立。而所谓的"善"，乃是指符合君主及统治者利益的一切言行而已，一旦违背、侵犯了这一利益，则被称为"恶"。康雍乾三朝的文字狱，就是典型的表现。面对这一文化专制，板桥提出了"宽容"思想，要用宽容的态度来对待所谓的"恶"，不要动辄杀戮，违背天地好生之德。在《潍县署中与舍弟墨第二书》中，板桥便比较充分地表达了这种朦胧的自由思想。

> 夫天地生物，化育劬劳，一蚁一虫，皆本阴阳五行之气氤氲而出。上帝亦心心爱念。……蛇虺、蜈蚣、豺狼、虎豹，虫之最毒者也，然天既生之，我何得而杀之？若必欲尽杀，天地又何必生？亦惟驱之使远，避之使不相害而已。

> 夫雨旸寒燠时若者，天也。亦有时狂风淫雨，兼旬累月，伤禾败稼而不可救；或赤旱数千里，蝗螽螟蟘肆生，致草黄而木死，而亦不害其为天之大。天既生有麒麟、凤凰、

灵芝、仙草、五谷、花实矣，而蛇、虎、蜂虿、蒺藜、稂莠、萧艾之属，即与之俱生而并茂，而亦不害其为天之仁。

尧为天子，既已钦明文思，光四表而格上下矣，而共工、驩兜尚列于朝，又有九载绩用弗成之鲧，而亦不害其为尧之大。浑浑乎一天也！

若舜则不然，流共工，放驩兜，杀三苗，殛鲧，罪人斯当矣。

夫彰善瘅恶者，人道也；善恶无所不容纳者，天道也。尧乎，尧乎，此其所以为天也乎！……若尧之后，至迂且远也。豢龙御龙，而后有中山刘累，至汉高而光有天下。既二百年矣，而又光武中兴。又二百年矣，而又先帝入蜀，以诸葛为之相，以关、张为之将，忠义满千古，道德继贤圣。岂非尧之留余不尽，而后有此发泄也哉！

这段引文虽长，但基本上能展示出板桥的"朦胧的自由"理想。这一"自由"的思想大体上有如下内容：

第一，尊重万物之性，不必"屈物之性适吾性"，而应该体察"天地生物，化育够劳"之心。

第二，即使是对人类最恶毒的"蛇虺、蜈蚣、豺狼、虎豹"，也不能杀之，更不能斩尽杀绝，它们也有生存的权利。人为了保护自己可以"驱之使远，避之使不相害而已"。

第三，自然界本身就包含矛盾："天既生有麒麟、凤凰、灵芝、仙草、五谷、花实矣，而蛇、虎、蜂虿、蒺藜、稂莠、萧艾之属，即与之俱生而并茂，而亦不害其为天之仁。"我们人类既应向"天"学习，宽容矛盾、相反的事物，又应向尧学习，在政治上，不轻易杀戮反对派，而是让"共工、䲸兜尚列于朝"，不要像舜那样，"流共工，放䲸兜，杀三苗，殛鲧"。

最后板桥将天道与人道做了比较："夫彰善瘅恶者，人道也；善恶无所不容纳者，天道也。"借天道而含蓄地批评人道，认为只有仁慈、宽容，才能有生命力，像尧之后"迂且远"，就在于尧能体天地生物之心，不轻易杀戮，故其后人延嗣直至刘氏。这是"尧之留余不尽，而后有此发泄"，即有延绵不断的生命力的原因所在。板桥认为，人为计算太过分，则会生弊："留得一分做不到处，便是一分蓄积，天道其信然矣。"这是反对专制的含蓄说法，是追求自由的朦胧理想。稍对康雍乾三朝的"文字狱"历史有所了解的人，当知板桥这段话的现实意义。中国封建社会中的专制政治，不仅在政治生活中容不得反对派，在思想领域亦容不得相反之论，动辄斥为"异端"，既而投进监狱，必杀之而后快。思想专制的结果：只知有孔子、孟子等"圣人"，而不思再造就超越孔子、孟子的新圣人。几千年的农业文明就没有产生超过孔子、孟子、老子、庄子、墨子等的大思想家。究其因，乃在于追求"纯而又纯"的思想统一，是封建专制者"计算太过分"的结果。这一理想，在美学领域，则通过美丑、善恶的辩证统一表达出追求人生的、社会的自由意志，如板桥所画的荆兰、荆竹图等。而板桥一生所追求的人生境界，正是一种阔大的自由境界。他特别反对"盆鱼笼鸟","屈物之性以适吾性","我图愉悦,彼在囚牢",主张以天地为家,各适其天。他说:"大率平生乐处,欲以天地为囿,汉江为池,各适其天,斯为大快。"(《潍县署中与舍弟墨第二书》)正因为这种追求自由的情怀时常在板桥心中激荡,故他深感为官的束缚。晚年辞官归隐扬州之时,作诗表达了这种"久在樊笼里,复得返自然"的愉快心情:

老困乌纱十二年,游鱼此日纵深渊。
春风荡荡春城阔,闲逐儿童放纸鸢。

第九章 流风余韵话板桥
——板桥对后世的影响

公元1765年12月12日，郑板桥离开了人世，享年七十三岁。在当世被板桥骂过的无行士人，也许得知这个消息后，可以长长地松一口气；而那些专以作伪为生的所谓"名士"书画家，从此亦可以大胆地制造赝品，以骗得附庸风雅的富贾大商们的金钱。清代乾隆四十年以后，道光以前，伪造板桥作品的现象一度达到高峰。张大镛说："近日板桥赝本，不计其数。"[①] 桂馥说：

---

① 张大镛：《自怡悦斋画录·郑板桥墨竹》卷七。

"惟先生书画,赝作颇多。"① "数十年来所见先生书画,不下百余件,真迹不过十之二三。"② 直到二十世纪四十年代,板桥作品的赝作、伪作仍然多得吓人。无锡收藏家薛处曾说:"三年以来,见得赝本四百幅,真者二幅。"③ 尽管板桥生前说过,谁要是将赝作窜入《板桥集》中,其必变"厉鬼而痛击之"。但那些受金钱欲望驱使的无行之辈,哪里惧怕什么"厉鬼"呢?

不过,赝品的大量出现,却也从另一个方面表明了板桥作品的生命力、板桥名声的生命力。这可能会损害板桥的声名,模糊人们心目中的板桥形象。但对于真正喜爱板桥、研究板桥的人们来说,这些伪作、赝品,是藏不住狐狸尾巴的,最终会露出作伪的破绽。最有趣的是:板桥生前卖书卖画,并未变富,以至于晚年嫁女时,不能陪出很多嫁妆,只好画幅兰石图轴,聊以解嘲,而作伪者却凭借赝品由贫变富。谭子犹,乾隆时一个木匠,曾学板桥字画。板桥去世后,他竟然凭借卖赝品而稍稍变富,且子孙因此而变成小康人家。板桥书画,真是"活人一术"。

一、 正史中的板桥后学

从现存史料来看,学习郑板桥书画的后学有四十多人。在这

---

① 桂馥:《丁亥烬遗录·郑板桥兰竹巨册》卷三。
② 同上,《竹石吊轴》卷三。
③ 薛处:《兰竹石图》轴题语。

四十多人当中，有板桥的同胞兄弟，有板桥的后代，亦有他生前的弟子，以及其他爱好板桥书画的士人。这四十多人当中，有些人还是当时书坛、画坛上的大家。如戴熙（1801—1860），嘉庆道光年间的著名画家，曾官至翰林、刑部侍郎。他的山水画主要师法王翚，被人称为清初"四王"派的后劲人物。他曾著有《习苦斋画絮》和《题画偶录》两书，肯定"我与古人同为造化弟子"。这样一个对清代中后期画坛颇有影响的人物，他能师法板桥的绘画，这对传播板桥艺术将会产生巨大的影响。他在画竹方面，曾多次模仿板桥，且自认难学。在《赐砚斋题画偶录》中，他曾模仿板桥画疏竹的方法，并说道："竹易于密而难于疏，惟板桥能密能疏，此专师其疏处。"在《习苦斋画絮》卷十《杂件类》中，又说"力仿其韵"："此仿板桥道人，力求其韵，转失其气，难学难学。"从这些只言片语中可以推知，戴熙曾专门地习研过板桥的竹石画法，或仿其疏，或仿其密，或仿其韵，或仿其气，只有在深入地研究了板桥的竹石画法基础上，方知个中奥妙。戴熙是这样看待板桥墨竹的艺术成就的："竹自板桥、寿门，力振宗风，文、苏真面方出，下视诸日如、沈左辈，不啻衙官屈、宋耳。"板桥自己亦曾评价了自己的画竹成就："一节一节一节，一叶一叶一叶。浑然一片玲珑，苏轼文同郑燮。"他评与自评如此合拍，由此可知板桥在墨竹方面所取得的艺术成就。

其他著名书画家、文学家，如何绍基、方玉润、桂馥等人，在画兰及书法方面，均学习过郑板桥。方玉润在《韵语七十》中曾云："余书于板桥，尚未窥其藩篱。"桂馥在《丁亥烬遗录》中说:"(板桥书法)乃有超佚绝尘处,以意想作,殊不能得其仿佛。"又说:"余不惟爱先生之书画,并爱先生之为人。"[1] 在清末民初,还有个别女子学习绘画、书法,如安徽歙县的吴淑娟,曾仿板桥竹石。河南新乡的郭文贞,草书颇仿板桥之意。清末民初的大画家任伯年、吴昌硕等人,均师法过郑板桥。任氏在对郑板桥书法、绘画的学习上均有极深的造诣,而又不囿于板桥,深得板桥"怒不同人"的个性化美学意蕴。实际上,板桥绘画对后世的影响,绝不止于有史可查的四十几人。清代大学问家阮元在《广陵诗事》卷一中曾说:"元在山东过潍县,见邑人宝其书画,多能仿效其体,其流风余韵,入人深矣。"《扬州画舫录》卷十上面说,当时山东"潍县人多效其体"。清人张式在《画谭》中说:"近日……如皋、兴化多祖板桥,袭其形体,若将终身。"这些学习郑板桥书法的人,虽然多数仅得其形,有些人甚至于形未得,然亦可以看出板桥书法对世人的影响。

二、 市民心中的板桥

郑板桥是一个深受广大民众喜爱的艺术家。他的艺术作品不仅在官家的博物馆里收藏着,不只是影响着有史可查的历史人物,而且还散落在民间,在民众的口碑里流传着。而由当代文学家、书法家李一氓先生和山东高象九先生收藏的《板桥残牍》,

---

[1] 桂馥:《丁亥烬遗录》卷三《书画灾烬目录》。

便是当年板桥判案时随手写下的判词。这些判词被当地百姓自觉地当作书法珍品保留下来了，成为今天研究板桥书法、板桥吏治思想的珍贵史料。

在今日的旅游胜地，几乎到处皆可以看到"难得糊涂"的横幅。这幅书法作品，乃是板桥五十九岁时创作的。当时他正在山东潍县做七品县令，赶上潍县连年闹灾荒，在赈灾救灾的过程中，他为潍县人民做了不少好事，却也得罪了不少官绅。尤其使他困惑的是：为什么在灾难来临之前，政府不提前预防？为什么在赈灾救灾之后，老百姓没有得到实利、好处？为什么在赈灾救灾过程中，有那么多人冒领、滥领，又有那么多的人被遗忘？就是在这种既知又不知，知而又不能道破的人生困惑之中，他写下了这浓缩着人生困苦又深含人生哲理、禅机的四个大字："难得糊涂"。

"难得糊涂"，在板桥的思想里，其真意是不能够糊涂。直到晚年，他还写下了这样一副对联："富于笔墨穷于命，老在须眉壮在心。"这样一位充满激情的人物，他能糊涂吗？面对现实的苦难、世道的不平，一个胸中流淌着正义热血的正直士人是不可能糊涂的，这样的人面对人间种种不平事不可能睁一只眼、闭一只眼，只是有时不得不装糊涂罢了。这是"难得糊涂"的精髓。

但是，对于那些锱铢必较、为蝇头小利而蝇营狗苟的势利小人，要他们在利益面前糊涂一下，放松一把，那也是难以做到的。板桥当年为大商人写有一副对联："打松算盘，得大自在。"劝诫商人在金钱面前，糊涂一点。但这可能吗？这又是"难得糊涂"的警世之意。

当然，一些乡愿之辈、圆滑之辈、世故之辈，亦可以把板桥的"难得糊涂"作为人生的座右铭，那就是清人钱泳在《履园丛话》中所做的庸俗解释："郑板桥尝书四字于座右，曰'难得糊涂'，此极聪明人语也。余谓糊涂人难得聪明，聪明人又难得糊涂，须要于聪明中带一点糊涂，方为处世守身之道。若一味聪明，便生荆棘，必招怨尤，反不如糊涂之为妙用也。"这种解释就把此幅作品中蕴含的"真气""真意""真趣"[①]一扫而空，了无余韵。

无论对"难得糊涂"做何解释，这幅书法作品在民间的影响力，可以说是无与伦比的。这幅既能体现板桥"六分半书"个性，又能在一定程度上表达板桥人生哲思的书法作品，还将继续在民间流传下去。

板桥对后世的影响，绝不仅在文翰方面。他的政绩、政声，亦在民间流传。阮元在《题板桥先生行吟图》中曾云："板桥先生出宰潍县，爱民有政迹。余督学时，潍之士犹感道之不衰。片纸只字，皆珍若圭璧，固知此君非徒以文翰名世也。"今日的民间，还流传着郑板桥的各种爱民亲民的故事。这些无字之书与有字之书共同昭示着一个真理：爱民之人，精神不朽。

三、 野史、笔记中的板桥

野史、笔记中的郑板桥，是一个荡逸礼法、恃才玩世的风流

---

① 张维屏《松轩随笔》云："板桥大令有三绝：曰画、曰诗、曰书。三绝之中有三真：曰真气、曰真意、曰真趣。"

郑板桥书法

人物。在这些野史、笔记中,那些有关板桥的淡宕风流故事,虽然并不具有史料价值,但可以丰富人们对板桥的认识。这些故事,有的展示了板桥人性中灵动、进步的一面,有的则暴露了其名士习气中的糟粕之处。所谓板桥的绝代风流、目无礼法,并不能毫无保留地一概欣赏。

在《清代名人轶事》中,记载了板桥嫁女的故事。[①] 板桥一生有三个女儿,其中有一女儿工画工诗,但对于当时妇女所必备的"井臼针黹"技能,却一窍不通。板桥欲嫁其女,却又难以找到能够与女儿匹配的佳婿,甚感为难。正在此时,恰好遇到一位失偶鳏居的书画诗文朋友,板桥觉得此人"所学所好"与自己女儿相同,是难得遇见的快婿,心中便想将女儿嫁给此人。板桥将此意告诉了友人,并与此人定约。一天回家,他悄悄地跟女儿说:"明天我带你到一个好地方游玩,怎么样?"女儿喜出望外,以为父亲真的要带自己游玩,立即应允。第二天,板桥携女儿来到朋友之家,朋友摆上酒菜,款待板桥父女。饭后,板桥对女儿说道:"这儿就是你的家,以后夫妻好好过日子。"女儿开始一愣,后来方才明白父亲游玩的意思,略思片刻,也就应允了。

这种嫁女方式,没有当时社会所谓"问名、纳采诸缛礼",仅仅根据双方的才情气质相合决定婚姻大事。故事中的板桥在今天看来颇为武断,既不照顾女儿的心理,又未征求女儿的意见,

---

① 又见《清朝野史大观》卷十一《清代述异》,但情节较《清代名人轶事·风趣类》更为简单。

是典型的"父权专制"。但这则故事主要反映的是在"父母之命"婚姻框架下的板桥不受礼法束缚，不论门第金钱，只论才情相合的一面。仅就这点来说，在当时仍然属于进步婚姻思想，由此亦可以看出历史进步的艰难性。

在戴延年的《秋灯丛话》中，则记载了这样一则故事。板桥官山东潍县时，恃才玩世。每遇夜出时，并不像其他县令那样，威仪严严，前呼后拥，只是携带两个差役执灯前导，而且灯上并不署上官衔，只是自书"板桥"二字。这种放诞行为，既表现了板桥对七品县令的不满之情，也体现了板桥对官场上各种戒律的蔑视态度。他不像其他官僚故意制造威仪赫赫的气势，来满足自己的权势欲望，来吓唬百姓。这种"放诞"行为，多少反映了板桥与民亲近的一面。

曾衍东的《小豆棚》杂记，记载了板桥的很多逸事。其中有一条说板桥好男风。这一故事与他自己所说的"喜爱椒风戏儿"习性相符，暴露了板桥名士习气中的糟粕之处，不足细说。

四、"青藤门下牛马走"
——板桥与徐渭

板桥之前，文坛宗师，画坛圣手，不胜枚举，而板桥独推重徐渭。他为表达自己对徐渭的崇敬之情，自刻一枚印章——"青藤门下牛马走"。这种率真之态，古今罕见。

早年的郑板桥，其人生经历与徐渭颇为相似；且板桥个性偏强,为人自负,愤世嫉俗,在精神气质上与徐渭相通。因此,板桥特别能理解徐渭,且对徐渭文章书画的成就给予了极高的评价,对其人生不平的遭际以及深入骨髓的痛苦,表示了极大的同情。如《贺新郎·徐青藤草书一卷》词写道:

> 墨沉余香剩,扫长笺狂花扑水,破云堆岭。云尽花空无一物,荡荡银河泻影,又略点箕张鬼井。未敢披图容易玩,拨烟霞直上嵩、华顶,与帝座,呼相近。　半生未挂朝衫领,狠秋风青衿剥去,秃头光颈。只有文章书画笔,无古无今独逞,并无复自家门径。拔取金刀眉目割,破头颅血逬苔花冷,亦不是,人间病。

词的上半阕主要揭示徐渭草书的成就,"拨烟霞直上嵩、华顶,与帝座,呼相近"一语,将徐渭草书蕴含的冲天气势,神形毕肖地刻画出来了。后人评此词道:"非板桥之笔,不能题其书。"[①] 亦可见板桥对徐渭草书精神把握的准确性。

词的下半阕先总评徐渭文章书画在历史中的定位以及不断超越自己的特征,"无古无今独逞,并无复自家门径"。其次又对徐渭"割眉破头"的疯狂行为给予了同情的理解,认为这并不是一般的人间疾病,而是因为现实的不公正待遇迫使徐渭心理失常导

---

① 《板桥集·五家评》,中国科学院图书馆藏酉山堂刻《板桥集》。

致的。① 据史记载：晚年的徐渭，由于忧愤益深，常常佯狂，"显者至门，皆拒不纳。当道官至，求一字不可得。时携酒至酒肆，呼下隶与饮。或自持斧击破其头，血流被面，头骨皆折，揉之有声。或槌其囊，或以利锥锥其两耳，深入寸余，竟不得死"②。因此，板桥说徐渭的疯狂疾病不是"人间病"，是符合历史事实的。

徐渭满腹才学，但八次参加乡试，均未能中举。他将自己人生的冤屈寄托在绘画艺术之中，创作了雪中竹、雪中梅、雪中莲、雪中水仙、雪中牡丹等一系列作品，抒发自己人生的冤屈情怀。一首咏雪竹的诗写道："画成雪竹太萧骚，掩节掩清折好梢。独有一般差似我，积高千丈恨难消。"世俗社会的严酷环境，犹如雪压翠竹一样压迫清白节操之士。这种弥天的冤屈，与关汉卿杂剧《窦娥冤》中的窦娥所遭受的离奇冤枉，又有什么不同呢？故徐渭在《雪里荷花》中又题咏道："六月初三大雪飞，碧翁却为窦娥奇。近年天道也私曲，莫怪笔底也差池。"徐渭笔下的这些写意之作，表面上看来荒诞不经，其实饱含着艺术家辛酸的人生体验。但后来一些浅薄画工，不知写意为何物，横涂竖抹，名之曰写意。对此，板桥以徐渭的雪竹为例，分析了写意与扎实的

---

① 有关徐渭疯狂行为的记载，各家传记不一。陶望《徐文长传》载："及宗宪被逮，渭虑祸及，遂发狂，引巨锥刺耳，刺深数寸，流血几殆。又以椎击肾囊，碎之，不死。"据沈德符《徐文长传》记载：徐渭因为科场失利，后遂患狂易，怀疑继妻有外遇，无故杀之，因此而下狱。后被友人救出，但终因郁郁不得志，更加自戕，"时以竹钉贯耳窍，则左进右出，恬不知痛；或持铁锥自锥其阴，则睾丸破碎，终亦无恙"。

② 袁宏道：《徐文长传》。

绘画功底之间的关系。板桥说道:

> 徐文长先生画竹,纯以瘦笔破笔燥笔断笔为之,绝不类竹,然后以淡墨水钩染而出,枝间叶上,罔非雪积,竹之全体,在隐跃间矣。今人画浓枝大叶,略无破阙处,再加渲染,则雪与竹两不相入,成何画法?此亦小小匠心,尚不肯刻苦,安望其穷微索渺乎?问其故,则曰:吾辈写意,原不拘拘于此。殊不知写意二字,误多少事。欺人瞒己,再不求进,皆坐此病。必极工而后能写意,非不工而遂能写意也。

从现存的板桥墨迹来看,板桥画竹并未受到徐渭多大的影响,但从此题识则可以看出,他对徐渭画雪竹的技法是深有研究的。

真正影响板桥且令板桥敬佩的,当是徐渭的为人。《清史稿》中说:板桥"慷慨啸傲,慕明徐渭之为人"。徐渭的为人如何呢?袁宏道这样称颂道:"文长眼空千古,独立一时。当时所谓达官贵人,骚人墨客,文长皆叱而奴之,耻不与交。"而板桥在画竹题咏中亦称文长"才横而笔豪",并认为这正与自己"倔强不驯之气"暗合。历史上的郑板桥,本就是个"眼大如箕"、放言无忌、呵神骂鬼的狂士。这种精神上的契合,才是板桥慕徐渭为人的根本原因,也是他甘当"徐渭门下牛马走"的根本原因。这表明,早期启蒙人物自觉地在前辈中寻找自己的精神同路人。清人蒋宝龄说,板桥因为见徐渭"笔墨真趣横逸,不得不俯首耳",仅从艺术的角度谈板桥与徐渭的关系,似未真正理解板桥甘为

"徐渭门下牛马走"的真意。而袁枚又因为生前被板桥斥为"斯文走狗",衔恨在心,故而在板桥死后,把"牛马走"歪曲为"走狗"①,一词之差,不仅偏离了板桥师承徐渭之精神,根本上就是蓄意攻击板桥之人格了。

然而,令人可笑的是,竟然有人甘愿当板桥之走狗。如清人桂馥说:"恨余生也晚,欲求为门下走狗而不得。"② 近人齐白石先生亦愿为青藤门下走狗:"青藤雪个远凡胎,老缶衰年别有才。我欲九原为走狗,三家门下转轮来。"③ 这都是因为被袁枚所骗的缘故,未得板桥推崇徐渭的真正意蕴。若板桥有知,亦不会接受此"走狗"、彼"走狗"的,他要的是"自出眼孔""自竖脊骨"的独立人格。

五、"梅庄"与"病梅馆"
——板桥与龚自珍④

就向往自由,追求无拘无束的人才成长环境这一点来说,板

---

① 袁枚:《随园诗话·题青藤小像》云:"抵死目中无七子,岂知身后得中郎!"又云:"尚有一灯传郑燮,甘心走狗列门墙。"又案:牛马走一词,乃是谦词,"走",即是仆人之意。《司马迁报任安书》中有"太史公,牛马走"句。袁枚称板桥为徐渭的走狗,实属攻击,后人不辨,跟在袁枚后附和。

② 桂馥:《丁亥烬遗录》卷三。

③ 齐白石:《老萍诗草》。

④ 郑板桥与龚自珍之间的关系,参见安徽师范大学孙文光《千古文章两怪才——郑燮与龚自珍》一文。此处仅就两篇散文谈二人的人才思想。

桥与定庵在精神上是相通的（参见第七章）。但由于二人所处的时代环境不同，学养个性的差异，在表达方式上不甚相同，尤其是在对待科举制度的认识方面，有较大的差距。尽管在板桥之前有蒲松龄，板桥同时代有吴敬梓，先后著书批评科举制度的种种弊病，且板桥自己亦曾批评过科举制度，然生当"盛世"的郑板桥，还是幻想有人能真正爱惜人才。其所作的《梅庄记》，礼赞梅庄主人敬斋先生爱梅、护梅、与梅同忧同乐的痴狂行为，实是象征性地表达了自己爱惜人才的理想。

而半个世纪以后，躬逢衰世的龚自珍，面对万马齐喑的黑暗政治局面，则大声疾呼："不拘一格降人才"，作《病梅馆记》，发誓要疗梅，纵其枝，顺其性，毁其盆，将江南区域所有的盆中病梅全部移栽于大地之上，恢复梅花的天然之姿，则是象征性表达了地主阶级内部开明绅士要求改良社会的理想。

板桥与定庵，皆是自己时代爱惜人才之士，然时世相异，其所作的爱才之文，格调绝不相同。板桥充满幻想，希望世人能像梅庄主人爱梅这样来爱惜人才；而定庵则充满愤激，猛烈抨击"文人画士"像残害梅花那样伤残天下之人才。

《梅庄记》大约作于乾隆二十五年（1760年）以后。[1] 文中梅庄主人——敬斋先生是扬州之地一隐士，生平不详。梅庄有数

---

[1] 案：此处仅根据卞孝萱编《郑板桥全集》中的文章次序推测的。该文排在《自在庵记》之后。《自在庵记》作于乾隆二十四年秋天。周积寅、王凤珠编《郑板桥年谱》未注明该文年月。

十亩老梅,皆"虬枝铁杆,蠖屈龙盘"。而敬斋先生与梅最为亲切:"扑者立之;卧者扶之;缺者补之;茸者削之;根之拔者,筑土以培之;枝之远者,梁木以荷之。"梅庄中的梅花,经过梅庄主人如此精心的照料:"梅亦发奋自喜,峥嵘硕茂,以慰主人之意。"

到了"霜凄月冷,冰魂雪魄"的时节,主人念梅之寒,不忍就卧,徘徊于梅树之下,与梅同御霜寒。而在"风号雨溢,电激雷奔"之日,"主人披衣而起,挑灯达旦;周遭巡视,视梅之安而后即安"。一旦"朝日将出,红霞丽天,与梅相映影射,若含笑,若微醉。梅亦呼主人,与之割暄分暖,不独享也"。这时,梅庄主人与庄中梅花融为一体,是一是二,难以辨析。

梅庄之中,还有"苍松古柏,修竹万竿,为梅之挚交。"梅庄,是一个君子相依之地。"檀梅放腊,为梅之先驰;辛夷涨天,绣球扑地,为梅之后劲。桃李丁杏,江篱木勺,山榴桂菊,不可胜记,皆梅之附庸小国也。"板桥笔下的梅庄,其实是他理想国的象征性表达。这是一个人才济济,有德君子斐然成章的理想世界。而文中的梅庄主人亦是理想中的圣君缩影。

龚自珍的《病梅馆记》,作于道光十八年(1839年),恰是鸦片战争前夕。文章借梅花以喻人才,揭露病态的封建社会用病态的标准约束人才,使天下人才悉遭荼毒的罪恶。作者发誓要辟病梅馆,以拯救天下人才,让人才在广袤的大地上自由地成长。全文以象征手法,表达了追求个性解放、向往自由的政治理想。

文章虽然只批评了"文人画士",但实质上是在批评维护科举制度的士大夫阶层。这些"文人画士"将自己的"孤癖之隐",公开地告诉鬻梅者:"斫其正,养其旁条;删其密,夭其稚枝;锄其直,遏其生气,以求重价,而江、浙之梅皆病。"作者借梅喻人,文中这些被戕害的梅花,恰恰是科举取士制度下被戕害的人才的象征。而鬻梅者,正是督促士人参加科举考试的塾师、父母、兄弟,他们希望自己的弟子、儿子、弟兄苦习时文,一朝出售给帝王家,从而连带获得荣华富贵。

读书人被迫按部就班地中秀才,中举人,再中进士,一次又一次地按照官方设计的程式去作文章,最后是像《儒林外史》中的范进一样,中了进士后,人却发疯了。而就这样一个"大进士",却竟然连宋代大文人苏轼也不知为何许人物。但就是这样一个大混蛋,中了进士后,送银子的送银子,送房子的送房子,一下子洗去寒酸之相,平步青云。小说中的范进最终以"重价"出售了自己,"买到"了自己日思夜想的荣华富贵。而没有中举、中进士的读书人,则或像《儒林外史》中的老童生——王玉辉,在程朱理学的毒害下,丧失了人性,连自己的女儿殉夫死后,还大叫:"死得好!死得好。"或像徐渭这样,一生潦倒,最后亦发疯自虐。面对如此严重的病态社会,面对病态社会中众多的病残之才,龚自珍先是"泣之三日",继而发誓治疗,决心与病态社会抗争,拯救人才,进而拯救社会。文中写道:

予购三百盆,皆病者,无一完者。既泣之三日,乃誓疗之,纵之,顺之。毁其盆,悉埋于地,解其棕缚。以五年为期，必复之，全之。

诗人龚自珍自觉地把自己与"文人画士"区别开来，为了拯救人才，甘愿受到本阶级达官豪绅的批评。"予本非文人画士，甘受诟厉，辟病梅之馆以贮之。"他要建立起自己理想中的"病梅馆"，"以广贮江宁（南京）、杭州、苏州之病梅"，尽自己毕生精力，从事拯救"病梅"——拯救人才之事业。

从郑板桥"梅庄"的理想，到龚自珍"病梅馆"的激愤，可以窥知科举制度对士人残害程度之剧烈，亦可以看出科举制度灭亡的命运。板桥距定庵约半个世纪，在这一历史过程，中国的封建社会如江河日下，"盛世"中的理想很快就化为泡影。从"梅庄"到"病梅馆"就是历史变迁的缩影。理想的人才制度必然奠基于理想的社会制度之上，同时又加速社会的发展，促进民族的振兴。但愿我们的民族历史少一点辟"病梅馆"的呼声，多一些真实的"梅庄"。

参考文献

1. 《郑板桥全集》 卞孝萱编,齐鲁书社1985年版。
2. 《郑板桥集》 上海古籍出版社1979年版。
3. 《扬州八怪绘画精品录》 李万才、周积寅编,江苏美术出版社1996年版。
4. 《郑板桥书画》 山东省文物局、潍坊地区出版办公室编,山东美术出版社1984年版。
5. 《郑板桥四书手读》 巴蜀书社1993年版。
6. 《扬州八怪》 文物出版社资料室编,文物出版社1981年版。
7. 《郑板桥年谱》 周积寅、王凤珠著,山东美术出版社1991年版。
8. 《郑板桥》 周积寅著,吉林美术出版社1996年版。
9. 《郑板桥评传》 杨士林著,安徽人民出版社1992年版。
10. 《石涛画语录译解》 黄兰波,朝花美术出版社1963年版。
11. 《石涛》 李万才著,吉林美术出版社1996年版。
12. 《中国书画》 杨仁恺主编,上海古籍出版社1990年版。
13. 《中国美术简史》 周之骐,青海人民出版社1985年版。
14. 《中国美术史》 王逊著,上海人民美术出版社1985年版。
15. 《中国画论研究》 伍蠡甫著,北京大学出版社1983年版。

16. 《明清启蒙学术流变》 萧萐父、许苏民著，辽宁教育出版社1995年版。
17. 《简明清史》（一、二册） 戴逸主编，人民出版社1984年版。
18. 《明清文学史》（清代卷） 唐富龄著，武汉大学出版社1991年版。
19. 《明清之际党社运动考》 谢国桢著，中华书局1982年版。
20. 《士与中国文化》 余英时著，上海人民出版社1987年版。
21. 《明清徽商与淮扬社会变迁》 王振忠著，生活·读书·新知三联书店1996年版。

跋

混沌剖分，万物兹生，人亦生焉；道术既裂，学术繁荣，六艺百工相摩相荡而器成；人才分途，专精之士辈出，而文明灿烂以至于精明。合器而观道，道于今日而更盛。

今以我辈之偏识，欲窥多才之板桥，颇有"从门缝看人"之嫌；板桥高寿七十有三，我辈以一岁业余之时日仓促探究，岂不应庄生"以锥刺地"之诮？况从干枯之文字，体悟板桥丰富之灵魂，本有隔障。幸有一孔之见，则于认识历史上真实、完整、活生生之板桥，亦或有功。

前辈时贤，于板桥多有深究（参见周积寅《郑板桥》一书），未悉周遍，深愧自己之陋浅，不敢文饰。今或有一得之见，与之暗合，则大抵可称学术之共识，希冀周遍之士，由此可窥板桥一面之真实。

板桥在家书中曾云："学者当自出眼孔，自竖脊骨"；又评黄慎大写意画云："更无真相有真魂"。今不揣浅陋，亦从哲学角度，再论板桥诗文书画，与专业美术作者甚不相同；又谓摹写板桥"精魂"，我今得板桥真魂否？

俟方家教我。

吴根友于珞珈山南麓

一九九七年八月二十日